U0057130

瑞蘭國際

瑞蘭國際

瑞蘭國際

勇闖驚奇紐西蘭異王國

汪銘峯、張雅莉　合著

只嘮叨一次的肺腑之言

　　人生如果是場馬拉松，那每一趟旅行都像是一處觀景台，為我們增添沿途的風采，並使我們得以在路途中喘息，待精神食糧蓄滿後，再返回賽程，繼續奔向各自的夢想站。我們站在觀景台上觀景，也尋覓倒影中的自己，這就是旅行偷偷送給我的禮物，勇敢作夢，勇敢面對真實的自己。

　　除了自己，也關於紐西蘭。紐西蘭是個環保狂熱分子，他們竭盡所能地留住地球最美的那一面，在這裡，山川壯麗澎湃，海水清澈透明，牧野森林的廣闊，讓動植物得以棲息在無憂無慮的天地裡。不過，處在地震帶上的紐西蘭，亦面臨著腳下那不定時炸彈的威脅，並時時努力想方設法地從中安然而退，還有臭氧層破洞所帶進的強烈紫外線，導致對抗皮膚癌的戰士不斷地增加。紐西蘭也是個文化愛好者，他們一面道歉，一面賠償，只希望能夠將原住民毛利人的文化發揚光大，他們也的確做到了。紐西蘭更是極限運動的推廣者，他們用人們內心的渴望，說服你去嘗試高空彈跳和森林滑索，用大自然的魅力，誘惑你參加高空跳傘和洞穴探險，最後，再順勢引導你坐上噴射船，然後攀上冰河，結果，你就像戴上面具般，遇見了從沒如此瘋狂的自己。

　　除了自己，也關於別人。在飛機上向你搭訕的親切夫婦，讓你發現陌生人的溫暖也很有力量。接待你住宿的阿姨，很可能成為你的異鄉朋友。年齡小你一輪的夥伴，卻最能跟你談心。路上碰到的導遊，在你沒有公車可坐的情況下，竟然無償送你一程。工作室遇到的老先生，最後卻成了熱心指導你的老師。平時圍繞在你身旁的玩伴，到了關鍵時刻，全都變為你最得力的助手。於是，你從他們每一個人身上都學到了一種特質，可能是

包容體諒、善待他人，也或許是堅強獨立、終身學習，甚至是享受人生、永遠選擇相信奇蹟。然而，你都仍舊會在夜深人靜之時，憶起遠方家中那盞指引你回家的燈，再讓想念與感謝蔓延在你的心房裡，這是你不曾看過的最感性卻也最理性的自己。

　　人生如果是場馬拉松，那每一趟旅行都像是一處觀景台，讓你在疲憊迷茫的時候，擁抱自然，也擁抱自己。休息夠了，就繼續賽程，繼續做夢，繽紛我們的路程，願每一個人永遠都能Keep Dreaming, Keep Creating。

張雅莉　汪韶峯

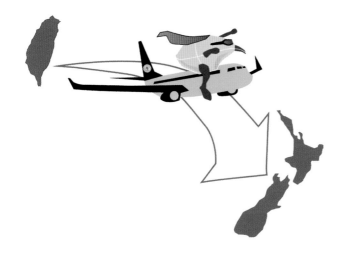

目　次

一、啟程　007

二、北島　021

三、南島　089

四、毛利與鳥　135

北島
North Island

奧克蘭
Auckland

瑪塔瑪塔
Matamata

羅托魯瓦
Rotorua

懷托摩
Waitomo

陶波
Taupo

庫克海峽
Cook Strait

首都
威靈頓
Wellington

庫克山
Aoraki Mount Cook

基督城
Christchurch

格林諾奇
Glenorchy

蒂卡波湖
Lake Tekapo

阿卡羅阿
Akaroa

蒂阿瑙
Te Anau

箭鎮
Arrowtown

皇后鎮
Queenstown

南島
South Island

啟程

認識KIMING

　　紐西蘭的國鳥是奇異鳥（Kiwi Bird），故當地人都稱自己是Kiwi，而最有名的水果就是奇異果（Kiwi Fruit），連銀行也有Kiwi Bank。看來，紐西蘭與Kiwi息息相關。

　　所以作者之一的Ming（汪銘峯）決定結合自己的專長，創造出一個擁有奇異鳥特徵的吉祥物，並以插圖的形式出現，讓牠貫穿在書裡的每一個章節，就像個靈魂人物般，不過最主要的目的其實是娛樂大家。名字是取自Kiwi和設計師Ming的姓名，就叫做KIMING。

姓 名　KIMING

生 日　2015年8月

特 徵　外形酷似奇異鳥、幽默風趣、生活在黑暗的森林、是個派對動物咖、發出「Keee-Weee」的歌聲、有雙強壯的腳與長長的嘴巴、沒有翅膀可以飛行。

尺 寸　10 cm × 5.5 cm × 6 cm

體 重　0.5 kg

興 趣　說故事和表演！

座右銘　Keep Creating！

行前確認Q&A

Q&A

認識紐西蘭

- 國家：紐西蘭（New Zealand）

- 首都：威靈頓（Wellington）

- 地理：位在太平洋西南方的島嶼國家，主要由庫克海峽（Cook Strait）分為南島與北島，周邊還有多個小島嶼，佔地約27萬平方公里，屬大洋洲。和西北方的澳洲之間只隔個塔斯曼海（Tasman Sea）。

立在奧克蘭機場歡迎旅客的雕刻，就是紐國的象徵之一，毛利文化。

- 季節：春9～11月（均溫：18℃）、夏12～2月（均溫：23℃）、秋3～5月（均溫：19℃）、冬6～8月（均溫：14℃）。

- 時差：夏令時間比台灣快5個小時（9月到隔年4月），冬令時間比台灣快4個小時（4月到9月）。

- 人口：目前人口數約為480萬，當中又以歐裔白人佔多數，超過總數的2 / 3，再來是毛利人及亞洲人。

- 語言：曾為英國殖民地，於1947年正式獨立，官方語言是英語及當地原住民的毛利語。

走出城市，就會了解這個國家熱愛環境的程度，花園和草地幾乎是每個家庭的基本配備。

- 經濟：國內經濟以出口乳製品、肉類及羊毛為大宗。因氣候及天然資源
　　　的關係，紐國仍以畜牧業為主。使用貨幣為紐西蘭幣（NZD），
　　　硬幣有10、20、50分和1、2元，紙幣為5、10、20、50、100元，
　　　當地人多以信用卡付款。台幣匯紐幣約為20：1。（2018年匯率）

- 宗教：基督教為主要。

這裡的羊比人還多，一個人平均可以擁有6隻羊。不過我在城市裡，看到更多的是鴿子（Pigeon），而且很容易被它們的鳥糞襲擊。

- 象徵：國鳥是奇異鳥（Kiwi Bird），國花是銀蕨（Silver Fern）。

奧克蘭博物館裡的奇異鳥，則是紐西蘭　以紐國特有的蕨類排成的裝置藝術。
人的另一個象徵。

- 電壓：230 / 240伏特，插座為八字型。

- 緊急求助號碼：111（火警 / 救護車 / 報警）

- 國碼：＋64

紐西蘭的「八」字型插座。

出發小叮嚀

- 簽證：持中華民國護照可免簽證停留紐西蘭90天。

- 入境：除了個人相關證件，最好準備回程機票、旅遊規劃、住宿資訊，以供海關人員檢查。旅客入境卡也必須確實填寫。

- 機票：務必確認中途轉機所預留的時間和過境國家的簽證規定（過境澳洲停留超過8小時，需要辦簽證），轉機建議預留3小時。廉價航空需注意行李重量的額度。

- 保險：建議投保海外醫療險、旅遊險及意外險。

行李清單

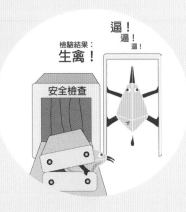

- 個人證件：護照、身分證、信用卡、國際駕照（紐西蘭是靠左行駛）。

- 衣　　物：早晚溫差大，尤其南島比北島還要冷，直接帶秋冬的衣物即可，外套最好隨身攜帶。

- 生活用品：個人衛生用品、電源轉接頭、太陽眼鏡、防曬乳（紫外線太強烈）、拖鞋、簡易盥洗用品、文具、行動電源。

- 現　　金：超過（含）10,000紐幣或等值的外國貨幣都需要申報。

- 備　　藥：留下包裝說明書或醫生證明，注意藥品成分不能含有毒品原料的偽麻黃鹼（Pseudoephedrine）。

- 保 養 品：紐國氣候乾燥，可選用富含保濕功能的產品。隨身行李可帶不超過100毫升的液體（含容器大小），總量不超過1公升。

- 禁　　忌：絕對禁止攜帶任何蔬果、動植物、蜂蜜、肉類和乳製品，食物和其他入境卡上提到的物品一定要如實申報。

入境隨俗

- 吃　：三餐當中以晚餐為主，早餐吃麥片，中餐則準備方便的三明治漢堡，跟我們多強調早餐的觀念相反。紐國人洗碗的方式是先將熱水把放滿髒碗盤的水槽填滿，再倒入洗碗精，在裡面刷過一次後就不再沖水了。外食一餐平均是20紐幣，沒有小費文化。

- 喝　：水龍頭的水都是可以直接生飲的，可是熱水必須要另外煮。煮飯的爐火與洗澡的熱水都由電力提供。

- 玩樂：商店大約傍晚5點就會打烊，所以夜生活的選項只剩下小酌、跳舞的酒館和一些餐廳。

  當地人非常熱衷運動和球賽，常可以聽到他們談論英式橄欖球（Rugby）、板球（Cricket）和無板籃球（Netball）等，若有賽事的話，大家幾乎全擠到體育館或是酒吧裡邊喝酒邊觀賞球賽，有點像英國瘋足球的程度。

早中晚餐的差別正好與我們相反。

‧交通：紐西蘭的公共交通運輸系統（公車）非常便利，所以在城市裡移動是非常方便的，由其是在熱門的觀光景點，普遍來說，都會有付費的直達接駁車，所以不方便自駕的旅人，也不需要太擔心。有些城市甚至提供公車卡選購，並不定期推出乘車特價方案。要注意的是城市間的公車卡大部分是無法共用的。

奧克蘭

懷卡托

AT Hop Card / NZD 10（卡費）/
NZD 18（一日票）

Busit Card / NZD 5（卡費）

威靈頓

Snapper Card / NZD 10（卡費）/
NZD 13（一日票）

基督城

皇后鎮

Metro Card / NZD 10（卡費）

Go Card / NZD 5（卡費）

城市與城市間的往來，除了可以搭火車，也可以選擇長途巴士，目前最主要的兩家業者是InterCity Bus和Naked Bus。如果提前上網訂票，還能買到優惠票價。

南北島間的往來，可以搭乘火車或長途巴士，然後再轉搭渡輪（南北島中間有庫克海峽），或者也可以選擇搭飛機。

・其它：紐國人習慣早上洗澡。

衛生紙直接丟馬桶即可。

春夏季會到晚上8點多才天黑。

人們衣著普遍簡單，國際大牌的Logo不像在其它地方那樣氾濫，大家比較在意的是能否突顯個人風格。

有時候可以看到人們享受地赤腳走在路上。

若下小雨，大多數的人不會撐傘，因為那只是水，不是酸雨。

紐西蘭人基本上都很友善，可是如果想接觸他們的寵物或小孩，即使只是拍照，也一定要先徵求主人和家長的同意，否則會被視為非常無禮又危險的行為。

參加戶外活動一定要記得防曬。

購物 / 品嚐清單

鹹

- 炸魚薯條（Fish & Chips）：國民美食。

- 毛利人烘烤特色美食（Hangi）：紐西蘭獨有的石頭悶烤方式，保留食物的原味。

- 海鮮：好山好水好天然的環境，食物也純淨鮮甜，特別是淡菜（Mussel）、鮭魚（Salmon）。

- 肉：良好的放牧環境也培養出健康的身、心理狀態，這使得牛肉和羊肉的品質多了保證。

炸魚薯條其實源自於英國。

紐國的海鮮是出了名的新鮮，即便在超市購買生鮮，品質也不打折。

甜

- 奶油蛋白餅（Pavlova）：主要原料是奶油和蛋白，通常會有一點甜。
- 蜂蜜太妃糖冰淇淋（Hokey Pokey Ice Cream）：紐西蘭人的最愛。
- 巧克力牛奶（Lewis Road Creamery Fresh Chocolate Milk）：曾引爆搶購熱潮，上架 1 小時就被搶光。
- 檸檬汽水（L & P）：紐西蘭出產的。
- 巧克力（Whittaker's）：老牌子。
- 葡萄酒：建議直接去酒莊品嚐。
- 咖啡：Flat White可是源自於紐澳。
- 斐濟果（Feijoa）：香氣十足的水果。

左為Lemon & Paeroa紐國自產的汽水，地點就在北島的Paeroa。右為風靡全國的巧克力牛奶，雖然我覺得有點甜。

左為奶油蛋白餅，右為斐濟果。

伴手禮

- 蜂蜜（Manuka Honey）：據說有抗菌效果，蜂膠或蜂蜜製品也都很推薦。
- 羊毛製品：毛衣、帽子、襪子、圍巾都相當保暖。
- 綿羊油製品：護手霜、乳液、護唇膏都很保溼，很適合紐國乾燥的天氣。
- 火山泥製品：肥皂、洗面乳、面膜都可以試試看。

（上述的伴手禮，除了一般禮品店，也可以在超市購買）

悄悄話

　　紐西蘭在1642年被荷蘭人發現後，它的命運開始和歐洲有了連結。早在1000年左右，屬於波里尼西亞人的大批毛利人（Maori），因為處於社會群島的家園開始出現了糧食及土地荒，所以陸續來此定居，而成為紐國正統的原住民。隨後，荷蘭探險家塔斯曼（Abel Tasman）也發現了這塊人間最後一片淨土，可惜當時的毛利人及海上風浪都不友善，於是得不到荷蘭的青睞。塔斯曼當時以為紐西蘭是一個被稱為Staten Landt的地方的一個部份，直到後來證實為新大陸，才命名為Nieuw Zeeland，用來紀念家鄉，最後才被翻譯成英文New Zealand。到了1769年，從英國來的探險家庫克船長（Captain James Cook），歷經三次的環島航行後，便向英國報告此地的狀況，果然在1777年前後，大量的英國移民擁至。可是來自歐洲各國的人都想從這塊處女地分得一杯羹，所以毛利人在1840年與英國皇室簽約，用土地和主權換取對自身財產安全的保障，這就是有名的懷唐伊條約（Treaty of Waitangi）。之後紐西蘭就合法地被英國予取予求了！啊！不是！我是說紐西蘭就正式被編入英國在澳洲的新南威爾斯殖民地裡。

　　殖民地的下場不外乎就是資源被掠奪，人民被同化，而世世代代的社會地位都莫名奇妙地矮人一截。後來演變成大大小小無數的衝突，有英國人對毛利人、英國人對英國人、毛利人對毛利人，甚至還有美國人對毛利人和英國人等。鬥爭的原因除了資源分配不平等、文化語言和價值觀的差異，其他不外乎就是踩到了既得利益者的底限，導火線只是讓久積的怨念有了發洩的出口。當中當然也不乏出現真正努力實現和平的無名英雄，可惜這樣的人總跟他們的生命一般，短暫地來不及在歷史上留下太多痕跡。直到1947年，紐西蘭才算是真正的獨立國家，經過鬥爭與融合不斷的循環，就是我們現在看到的紐西蘭了。

　　想到1000年毛利人遷往紐西蘭的時候，台灣早居住了一批一樣是南島語系的原住民。等到1770年，

毛利人接觸到英國文化的同時，台灣的原住民早已從西班牙人、荷蘭人及明鄭時期的漢人手中，又換成了清朝統治。沒想到也不過200多年的時間，台灣又易了主，島民開始學日語，變成了次等的國民。然而不論改了多少朝，換了多少代，台灣的角色始終都是殖民地。那些統治者的目的都是大同小異，他們以低廉的代價，從台灣帶回了蔗糖、茶、檜木和樟腦等珍貴資源，他們以統領自居，要求台灣人當血汗勞工，甚至上場打仗。不過正因為這樣的經歷，台灣才能不斷的學習外來的新知與技術，在持續地與世界交流和交換下，累積如此豐富又多元的歷史。而這些過往，都成了孕育台灣這塊土地的養分，並為生在島上的人民化作一份略帶驕傲又特殊的自我認同。

印著銀蕨的紐西蘭航空。

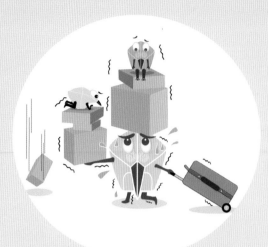

小知識大常識

☞ 紐西蘭行李管制非常嚴格，除了內容物
外，連重量都很斤斤計較，即便只是超
過0.5公斤，也絕不會放水。所以行李
重量的規定一定要跟航空公司確定好！
紐西蘭航空的託運行李限重23公斤。

☞ 紐國總能吸引來自世界各地的探險愛好
者的特點之一，就是因為這裡並沒有毒
蛇猛獸。由於火山岩地形的關係，使硫
磺等元素讓爬行類動物無法生存，不過
這也造就了紐國的鳥類適應了地面的生
活，而使得翅膀漸漸退化。前幾年甚至
還有學者公開呼籲民眾減少養貓的習
慣，就是因為貓會攻擊鳥類和昆蟲，導
致生態平衡遭到破壞。

☞ 奇異果（Kiwi Fruit）其實是來自中國，
它最早的名字是Chinese Gooseberry，後
來紐西蘭為了外銷便利，才改名的。

Kia Ora！紐西蘭。

北島

北島

Auckland
奧克蘭　屹立不搖的第一大城市

　　大部分來到紐西蘭的旅人，都會先降落在奧克蘭國際機場或是基督城國際機場。比起名氣大的基督城，奧克蘭多只是淪為過路站。不過，對紐西蘭人而言，它可重要多了。

　　奧克蘭位於紐西蘭北島北端，屬該國最大的商業與經貿城市，匯集了國內接近1／3的人口，加上地理位置的優勢，更讓它成為紐國重要的交通樞紐。出了機場，看著大廳裡熙來攘往的人們，就可以感受到它熱鬧的程度。

　　城市被數不盡的海灣及二個大港口環繞著，分別是瑪努考港（Manukau Harbour）和懷特瑪塔港（Waitemata Harbour），所以市民非常熱衷各項水上活動，特別是帆船。以人均比例來計算的話，奧克蘭可說是世界上擁有最多帆船的地方，故城市又被稱為帆船之都（City of Sails）。

奧克蘭最早居住了大量的紐國原住民毛利人，他們約在14世紀前即來此定居，多島嶼多火山的天然地形，更激起部落間時常為爭奪豐沃的土地和海上資源而開戰。隨著歐洲探險家的發掘，這裡自然也吸引了大批外來客湧入，到了1840年，毛利人與英國政府簽訂象徵保護協議的懷唐伊條約，政府也持續不斷地買地與增加歐洲移民，後來當時的紐西蘭首長霍布森（William Hobson）決定將首都設於此，並以時任印度總督的奧克蘭伯爵來命名，直到1865年才又把首都遷移到北島南端的威靈頓。

回到現今，其實奧克蘭曾多次被評選為世界上最適合居住的城市之一，我們再看看它延續了數百年的繁榮，便也不難想像奧克蘭之於這個國家的意義了。

1
高樓大廈林立，很有第一城市的氣勢。

2 3
若要從奧克蘭國際機場轉飛其他城市，需要到國內機場搭乘。往來除了有接駁車，也可以跟著地上的綠色指引線走。

4
街道乾淨整潔，路上多是華人面孔，聽說這裡只講中文也能生活。

5 **6**

排滿帆船的港口,總能吸引不少遊客和居民的駐足。

皇后街
Queen Street

7　皇后街上的市政廳也是棟歷史建築，順著走就能到碼頭了。

　　一抵達這個城市，我們就先去處在市中心最有名的皇后街祭祭五臟廟吧！除了有各式各樣風味迥異的餐廳和商場百貨，還可以找到多家紀念禮品店，是愛逛街的朋友們不能錯過的景點。皇后街通常也是節日遊行必經的主要道路，走到底就會看到靠近碼頭的伊莉莎白女王廣場（Queen Elizabeth Square），港邊布滿數不盡的餐廳和咖啡館，正好可以吹著海風享受一杯拿鐵。在周圍還可以找到很多古蹟級的建築，像是1911年蓋的巴洛克式的渡輪碼頭（Ferry Building）和1910年的郵政總局。說到逛街區，這裡

共有3個知名的購物點，簡單來看，可以分類成有名人和貴婦加持的咖啡廳及高檔精品店的帕奈爾路（Parnell Road）、富年輕活力又多有創意商品的龐森比路（Ponsonby Road），還有跟皇后街一樣熱鬧的大眾商場新市集（Newmarket）。不過，無論選擇哪一條路，都是非常容易讓旅客們荷包大失血的。

地址
Queen St., Auckland CBD, Auckland
交通
奧克蘭機場 → 市中心SkyBus

逛完街後，可以到位於中央公園內的奧克蘭戰爭紀念館看看，它也簡稱為奧克蘭博物館，是紐西蘭最早的博物館。1852年時，它先是建在農場工人的小屋內，後來再改到現在這個地址，並於1929年完工，館前還有一座顯著的將士紀念碑。博物館外觀帶有希臘建築風格，館內有三層樓，第一層主要為毛利文物與波里尼西亞人的相關歷史，第二層介紹紐國的環境和動植物，當然還有火山的相關資訊，第三層則是關於第一與第二次世界大戰的展覽，裡面還列出那些為國家捐軀的勇士的名字，以表示感謝。館內除了珍藏了許多的毛利和世界各國原住民的文物，也有較為現代的陶瓷設計展，還可以看到來自中國等其他國家舊時的器皿和裝飾品，每個展場都精心規劃，加上有趣的互動科技，對於想要認識紐西蘭的人們來說，是再好不過的地方了。如果預算足夠，還能多付點費用請專業的導覽員帶著你邊逛邊解說，其中比較特別的部分是館內也可以觀賞到紐國原住民毛利人的表演，只是要另外加費用。

地址
The Auckland Domain, Parnell,
Auckland, New Zealand
交通
Link Bus
開放時間
10am〜5pm
票價
成人NZD25 / 小孩NZD10
〈加毛利表演〉NZD45 / 小孩NZD20

8

8 9 10 11

奧克蘭博物館內的互動科技成功誘發大人小孩的
好奇心。

9

10

11

12

天空之塔
Sky Tower

　　天空之塔是奧克蘭的一個大地標，高328公尺，是南半球最高的建築，無論你在城裡的哪個位置，都可以看著天空之塔來辨認方位。天空之塔除了有高220公尺的觀景台與旋轉餐廳，還可以嘗試刺激的高空彈跳（Sky Jump）和高空漫步（Sky Walk）。不過這裡的高空彈跳不會像一般的高空彈跳那樣左右晃，就算風大也不會有危險，而高空漫步則是在高192公尺上，沿著塔緣的步道走一圈，雖然都很好玩，可是價格倒卻也不便宜。天空之塔的下方就是天空之城（Sky City），結合了餐廳、購物區和賭場的娛樂商場，讓你有得看、有得玩、有得吃、還有得逛。

地址
Victoria St. W & Federal St.,
Auckland, New Zealand
交通
Link Bus
開放時間
9am～10pm
（11月～4月：8.30am～10.30pm
週五、週六延長1小時營業時間）
票價
〈觀景台〉成人NZD29 / 小孩NZD12

12
不論身在城市的哪裡，都能靠著天空之塔來辨認方向。

海港大橋
Auckland Harbour Bridge

13 結合交通和觀光的海港大橋。

　　海港大橋花了約4年建造，於1959年完工，長1,020公尺，是連接北岸的重要交通要塞，也是奧克蘭的地標之一，不論白天或是晚上，它總是美得讓人忍不住多看幾眼。剛開通初期，政府就發現橋上的四車道根本不夠用，於是又進行了拓寬工程，可想而知它的車流量之大。以前只有汽車可以上橋，但現在已開放讓遊客參加攀爬活動，還可以體驗刺激的高空彈跳，如果預算許可的話，對於熱愛冒險和美景的人來說，會是很不錯的體驗，畢竟能真的讓人爬上去的大橋，在世界上也算是屈指可數。從橋上觀賞到的風景又壯觀了許多，急速又強勁的海風與時不時就響起的汽車喇叭聲的確會讓人心跳加速，看著擠滿港邊的大小帆船，奧克蘭這千帆之都的雅稱真是實至名歸。

地址
Auckland Harbour Bridge, Westhaven,
Auckland, New Zealand
交通
Link Bus to Maritime Museum （活動接送）
票價
〈爬橋〉成人NZD130 / 小孩NZD90
〈高空彈跳〉成人NZD165 / 小孩NZD135

伊甸山
Mt. Eden

14

地址
250 Mount Eden Rd., Mount Eden,
Auckland, New Zealand
交通
Bus No. 277

走過了比較商業化的行程，或許也該感受一下奧克蘭的自然風光。座落在市中心附近的伊甸山，屬城市內40幾座火山中最高的一座死火山，以奧克蘭伯爵喬治伊登（George Eden）的姓氏來命名，海拔高度約是196公尺，爬大約20分鐘就可以到達山頂。頂上是一個深50公尺的碗狀火山口，早已不見它那曾火光四射的噴發模樣，取而代之的是悠悠草地和愜意進食的牛羊群。如果好奇地翻開歷史，還可以窺探舊時毛利人曾在這裡保衛家園所留下的痕跡。我們坐在山頂的草皮上，俯瞰奧克蘭360度無死角的市景和海港，聽說這裡日出和日落，同樣美得讓人屏息。

14 15
伊甸山是絕佳的賞景地點。

15

一樹山
One Tree Hill

16 這裡也是踏青的好地點。

　　與伊甸山遙望的就是一樹山，一樣是一座有名的死火山，當然也是一睹城市風光的絕佳地點。一樹山與康沃爾公園（Cornwall Park）相連，裡頭面積廣大，花草樹木繁茂，還能看到牛羊成群，更設有烤肉區、遊樂區和咖啡館，就像個農場，每到假日，總能看見人們攜家帶眷來聚餐。據說一樹山曾是毛利部落的中心，當時山上真的有一棵紐國特有品種的松樹，到了19世紀中期，歐洲移民來了後，竟然砍了山頂的樹，20幾年後，奧克蘭之父，也是捐贈此地的坎貝爾爵士（John Logan Campell）又重新種植了好幾顆松樹在那，可惜只有一棵活了下來，後來那棵松樹先後又在1994年和1999年因為懷唐伊條約的問題而被攻擊，政府只好於隔年將它移除，現在山頂只剩下一個孤伶伶的毛利人紀念碑和坎貝爾爵士的墓塚了。很多奧克蘭人認為一樹山是這個城市的象徵，也對毛利人與歐裔紐國人間的和平共處深具意義，所以政府一直有把樹種回來的想法，說不定以後就能在一樹山山頂看到不只一棵樹了。

地址
670 Manukau Rd., Epsom, Auckland, New Zealand
交通
Bus No. 30

使命灣
Mission bay

17

17 平常日的使命灣安靜得讓人可以放鬆一下。

　　使命灣算是市區裡最有名的海灘，距離市中心半小時的車程，在懷特瑪塔港的南端，名字是來自灣旁的美拉尼西亞使命樓（Melanesian Mission），是當時的傳教樓。不只是遊客，這裡也很受當地人愛戴，每到假日，總可以看到大朋友拉著小朋友一同玩耍，沿路的咖啡館和餐廳，更是朋友們聚會的絕佳地點。在沙灘上可以遠眺對面的朗伊托托火山島（Rangitoto），順著走下去，還可以看到一座噴泉，那是一個父親為了紀念他的兒子所建

造的，正好也成了小朋友們散播歡樂的戲水天堂。

　　如果喜歡健走的話，不妨搭乘渡輪，到朗托托島上走走，感受一下最不商業化的樹林徒步之旅。

地址
Mission Bay, Tamaki Drive, Auckland,
New Zealand
交通
Bus No. 769

悄悄話

　　我們坐了大約12個小時的飛機，來到紐西蘭的奧克蘭，走在城市的街道上，難免會感到一些疑惑，因為路上的亞洲面孔比其他種族都來得多，街上也不乏出現各式亞洲餐廳的招牌，就連一些商店與餐館都會營業到傍晚，不像這裡多數的零售店大約晚上5點就忙著打烊。這大概是拜奧克蘭政府友善的移民政策所賜，我想這個城市面對了更直接的文化融合挑戰。

　　奧克蘭的人口密度不算高，不過就紐西蘭而言，全國大約1/3的人口都在此生活，因此因為人口增加而衍生的社會問題當然也不少。撇開就業與經濟提升的優點不說，除了文化差異，還有高房價、物價和社會秩序、資源分配等問題，這些問題對紐西蘭人來說，似乎是有些壓力的。這些壓力不僅加深了人們之間情緒上的不滿，而縮減移民或排外的聲浪也漸漸浮現，導致近年來的移民審核變得不容易了。人口確實是經濟的重要支柱，不僅中國開放了二胎化，歐洲很多國家也都希望難民潮能緩解他們的勞工需求。不過，對於環境保護與居住治安，我想各國政府都是絕對不會讓步的。

　　就相關的議題來看，台灣其實也不陌生。於1989年開始從東南亞國家引進的勞工，由於那些國家通常較為貧窮，大家也都帶有貶意地稱之為外勞，還有2000年前後興起的外籍配偶，如今已過了數十載，他們走過了輕蔑的眼光和不友善的言語攻擊，反觀在地的台灣人，真正敞開心胸去了解他們文化的，其實寥寥無幾，對於他們幫忙填補的勞工需求斷層與經濟發展，大家給的尊重與感謝也不多。我們捫心自問，台灣的社會在種族與文化差異上的包容性又進步了多少？儘管我們的例子跟奧克蘭不太一樣，不過相信我們都了解相互包容文化差異的重要性，經由上一代的本省和外省之爭，我們也清楚社會一旦被分化，所產生的危險性。我坐在韓國餐廳裡頭，看著小圓盤上的泡菜和四周不同膚色的面孔，我猜想對於紐西蘭這樣一個年輕的國家，少了綁手綁腳的過時觀念和剪不斷理還亂的歷史淵源，未來的它或許會交出一張令人驚豔的成績單，科目就叫做多元社會。

小知識大常識

☞ 如果要從奧克蘭國際機場飛往其他的國內城市，必須要到奧克蘭國內機場搭乘。往來交通除了接駁車「Inter-Terminal Transfer Bus」外，出了奧克蘭機場門口，可以跟著地板上綠色的指引線「Inter-Terminal Walkway」走，步行時間約為20分鐘。托運行李記得一定要在奧克蘭機場先提領。

☞ 奧克蘭人不只熱愛帆船，更對此感到驕傲，大概是因為紐西蘭在總是美國隊稱霸的美洲盃帆船賽（America's Cup）拿過幾次冠軍吧！

☞ 紐西蘭首都本來設在人口大城奧克蘭，不過對於南部的居民來說，距離太遠辦公不易，加上官方也怕南部獨立，於是才於1865年改在北島南端的威靈頓，位置正好就在南北島的中間。

☞ 紐國的遊客中心稱為「i-SITE」，裡面有很多城市景點或者國內著名觀光聖地的介紹，在這裡可以找到很多活動的相關說明，重點是有免費Wi-Fi。另外，若參加導覽團或任何活動，這裡通常也都是接送地點。

☞ 日景建議到一樹山或伊甸山觀賞，夜景就留給天空之塔。除了坐電梯上去天空之塔的觀景台，其實也可以選擇走1,029階的樓梯上去，大約會花費半小時。

☞ 除了皇后街，Dominion Road也是一條充滿各式餐廳的街道，碼頭附近的海鮮餐廳The Crab Shack是用餐的好地點。

漂亮媚媚！

我愛夏天！

KIMING Share英語

☞ 聽說奧克蘭人都喜歡水上「3B」活動，何謂3B呢？
「Beach」（海灘）、「Boat」（划船）和「Barbecue」（燒烤）。

☞ 其實英文也如同中文一樣注重禮節，時常要求大家在話語上加入「Please」（請）和「Thank You」（謝謝），所以「Yes, Please.」（好的，麻煩了！）與「No, Thank you.」（不用了，謝謝！）聽起來都很有禮貌。如此一來，不論是接受或拒絕，也就不會感到尷尬。

北島

Matamata

瑪塔瑪塔　掉進童話故事裡的小仙境

　　瑪塔瑪塔是在奧克蘭下方距離約170公里的一個偏僻小鎮，開車的話，要兩個多小時才會到。這裡主要是以畜牧和農業為主，所以這個小鎮遍地是成群的牛羊和寬廣的草地，而它最吸引人的，是有一個佔地超過4公頃《魔戒》電影裡的哈比村。電影成名後，即順勢發展了觀光產業，居民也多了工作機會，即便是順道飛來的空服員，也會趁著空檔，驅車直搗那魔幻又與世隔絕的小村莊。

1 **2**
哈比村占地廣大，可想而知，亞歷山大農場的面積真的很寬闊。

哈比村
Hobbiton

3

　　時間回到1998年，那時，《魔戒》的導演傑克森（Peter Jackson）正在尋找合適的拍攝地點，他偶然發現了這座私人的亞歷山大農場（Alexander Farm），馬上被它那草地綿延廣闊的田園風光所吸引，再加上裡頭有個非常大的橡樹（Pine Tree），像極了魔戒書裡所描述的村落「夏爾」，於是就此決定了哈比人的家。工作人員花了不到一年的時間就打造完成哈比村，其間還獲得紐西蘭軍隊的幫忙。目前留了44個哈比洞供遊客參觀，儘管洞裡幾乎都是空的。因為大多的屋內場景都是在首都威靈頓拍的，

但外觀和周遭仍擺設得相當精緻。

　　這座農場仍舊是私人土地，如果想參觀的話，必須要購買門票參加導覽活動。一般來說，門票費也包含了接送費，所以遊客通常會在瑪塔瑪塔的i-SITE集合，然後再搭乘小巴士一團一團的出發。導覽過程大約兩個小時，並且一定要跟著導遊，導遊會帶著大家遊走，並介紹電影裡的場景，讓遊客回味一下電影情節，然後再留點時間拍照。

　　我們從i-SITE搭著接駁車，沿著看似沒有盡頭的蜿蜒山路駛了大約20分鐘總算抵達。眼前的哈比村真的就跟電影裡的一模一

4

地址
501 Buckland Rd., Hinuera
Matamata 3472, New Zealand
交通
長途InterCity Bus to i-SITE
（活動接送）
開放時間
9am～3.30pm
票價
成人NZD79（17歲以上）
小孩NZD39.5（9～16歲）

3 4

哈比屋就跟電影裡看的一模一樣，有些屋子甚至小到要彎腰，才能鑽進去。最後一個哈比屋就是老主人畢爾博的家了，門外還貼出告示說只有派對的事才能找我，太傳神了。

5 6

哈比村的導覽活動通常會在i-SITE接送，就連i-SITE的外觀也要應景一下。

樣，不只是緊挨著哈比洞的花花草草全是活的，你所見的蔬果也大多是真材實料，原來園區還特地聘請園丁們幫忙打理，而那些蔬果最後也都會成為餐館裡的桌上賓。每個哈比屋都是依照主人的個性來佈置，屋子越高的就代表越有錢，門前木椅上的靠枕、陳舊斑駁的信箱、果園旁滿載馬鈴薯的推車，甚至是曬滿衣服的晾衣桿，

5

6

7 哈比村的每個角落都很細緻。（ps.原來哈比人也喜歡吃鹹魚。）
8 沒有這些工作人員，就不會有這樣活靈活現的哈比村了。
9 如果說這裡是幻境，應該不會有人不同意吧。

都讓我們好似真的踏上了那魔幻國度，隨時等著矮小熱情的哈比人過來跟大家打聲招呼。而這樣一絲不苟的完善，當然是出自導演的要求，那些花草蔬果其實在電影開拍前就積極種植，導演連樹的高矮都很講究，記得影片中出現的李子樹，其實是蘋果樹的偽裝，只因為蘋果樹的高度才符合導演的要求。

還有那個出現在首部曲的主人翁的家袋底洞（Bag End），洞上的樹其實是假的，當中的塑膠葉子還是從台灣來的，不過仍舊很難想像他們怎麼會有耐心到把葉子一片一片黏上去。導覽人員在介紹的過程中，不忘分享很多拍攝時的趣事，聽得大家笑得上氣不接下氣。像是為了營造出生氣，導演就特地吩咐工作人員沒事要去踏一踏草地，還有被當成臨時演員來點綴池塘的幾隻小青蛙，最後卻因為繁殖數量過多，占滿了池子，而不得不被遷移到其他地方。我猜想工作人員到最後應該都背負著極大的壓力，就怕導演那精準的鷹眼一發作，大家又得開始馬不停蹄地趕工。導覽結束後，導遊會帶著大家穿過小橋來到綠龍酒吧（Green Dragon Inn）享受一杯他們手工釀造的啤酒，費用當然已經含在門票裡了，酒吧裡的裝潢也跟電影裡的如出一轍，使得大家再次瘋狂地秒殺底片。

悄悄話

有這樣一個令人流連忘返的世外桃源，真是多虧導演的龜毛，不是，是細心謹慎的做事態度，才得以讓大家暫憩在童話世界裡。如同那個把細心發揮到極致的已故蘋果創辦人賈伯斯（Steve Jobs），他的挑剔傳遍了大街小巷，若在電梯裡和他相遇，還可能丟了飯碗，可是他產品的影響力也在世人面前毫不保留地綻放。可見，想做大事，還是要拘泥於小節，一個小零件出了差錯，可是會影響整個生產線的運作的，所以我們就是必須把分內的事情做到盡善盡美，才不致成為那壞了一鍋粥的老鼠屎，也才能讓自己在人群中發光發熱。

提到注重細節，讓我想起一個從小聽到大的故事，一個關於一位已故的成功企業家的故事。因為家裡窮，沒有錢讀書，王永慶很早就出社會工作了。別人在讀中學的時候，他在米店打工，有了心得後，便借了200元，自己開了間米店當老闆。隨後，王永慶便發現了自己的小米店比不上那些老字號的大米店。於是他開始仔細的思考並想方設法地創造出自己的差異

點。除了米的品質外，他還會幫忙送貨到府，特別的是王永慶還記錄了各家用米的狀況和買賣的時間，所以他的客戶的米缸永遠不會是空的，不僅如此，王永慶送米時，還會幫忙客戶把舊米放上層，讓客戶吃完舊米再吃新米，於是他的生意越做越好，最後更創辦了塑膠王國的台塑集團，並為他自己寫下了個不朽的傳奇人生。

10

10 即便無法進入屋內，為了美觀，連窗前都不能馬虎。

小知識大常識

☞ 哈比村在拍攝完畢後，本來要依照合約拆掉，後來農場主人嗅到觀光商機，與電影公司協商後，得以保留，所以農場主人現在應該數錢數到手軟了。

☞ 大多數的哈比洞都是小到比一般人的身高還要低得多，當中只有幾個洞是建成真人的尺寸，好順利拍攝。

☞ 如果不喝酒，可以在綠龍酒吧點一杯不含酒精的薑汁飲料（Non-Alcoholic Ginger Beer）。

11 羊看我，我看羊。每隻羊一年通常剃兩次毛，紐國一年產的羊毛，重量好比500多架噴射客機。

☞ 既然看到了羊，就說一下紐國最有名的落跑羊史瑞克（Shrek）的故事。原來史瑞克為了躲避剪毛的命運，跑到深山裡躲了起來，沒想到一躲就躲了6年。被人們發現時，他身上的毛竟然重達27公斤，比一般羊毛的4.5公斤硬生生多了22.5公斤。礙於健康問題，此創舉仍舊沒辦法讓史瑞克保留身上的毛，剪毛過程還被直播。不過，剪毛而獲得的款項被捐給了慈善機構，史瑞克也就此開始了牠的慈善活動職涯，並有幸接見了當時的首相克拉克（Helen Clark）。可說是6年儲毛無人問，一露行蹤天下知。可惜史瑞克於2011年生病，只好施行安樂死，享年17歲。

KIMING Share英語

☞ Friendly意思是「友善的」，如果在前面加上名詞，就變成「對╳╳友善的」，也就是「適合╳╳的」，這在紐西蘭的公共場合很常見。例如，「Family-Friendly」（適合家庭的）；「User-Friendly」（容易操作的）；「Eco-Friendly」（環保的）；「Bicycle-Friendly」（適合騎自行車的）。

☞ 拍照的說法：「An Action-Shot」（動態照；可能正在跳起來）；「A Group-Shot」（團體照）；「A Selfie」（自拍照）；「A Head-Shot」（大頭照）；「Could you please take a group shot for us？」（你可以幫我們拍張團體照嗎？）當然，自拍照就不用請別人幫忙了。

⓬ 綠龍酒吧裡的裝潢也像電影裡一樣。

⓭ 但酒吧裡頭的氣氛溫馨得多了。

北島

1 峽灣美景，淨收眼底。

Waitomo / Te Anau
懷托摩 ／ 蒂阿瑙　洞穴探險之星光點點
（位於南島）

懷托摩
Waitomo

2

地址
39 Waitomo Village Rd.,
Waitomo Caves, Private Bag
501, Waitomo, New Zealand
交通
長途InterCity Bus
開放時間
依門票為主（採預約跟團）
開放時間
〈黑水漂〉NZD142

3

2
最受歡迎的活動之一，黑水漂。

3
相關資訊跟活動報名都在這裡。

懷托摩位在北島的中西部，隸屬懷卡托省（Waikato），是個以觀光地底下的螢火蟲洞成名的小村落。Waitomo一樣是毛利語，「wai」是水的意思，「tomo」代表洞，大概的解釋可以說是「水流進地底洞裡」。懷托摩的形成來自於地殼運動和火山的影響，3千多萬年前，這裡還是一片汪洋，受到擠壓而突出海面的板塊，經過時間和流水的淘洗，逐漸變成了迂迴的岩洞，海裡的生物也成了石灰化石，我們才能看到這奇異的景觀。

這裡螢火蟲（Glow Worm）的幼蟲外型就像蟬寶寶一樣，沒有翅膀，不過尾部會發藍光，他們住在黏著於洞穴頂端的巢裡，

4

吐出的絲會垂吊下來黏住被光吸引的昆蟲，而螢火蟲的光越亮，則代表越飢餓。懷托摩洞穴裡既潮溼又黑暗，底下的河流也會帶進很多昆蟲，所以提供了螢火蟲絕佳的生存環境。它們從卵到幼蟲需要約3週的時間，經過9個月即變成蛹，從蛹到長出翅膀的成蟲只需要14天，可是成蟲後，卻因為沒有消化系統而無法進食，所以只能存活約2天，目的就是交配繁殖，是個帶點哀愁卻絢麗的一生。

　　除了看螢火蟲，這裡最受歡迎的活動叫做黑水漂（Black Water Rafting），就是乘坐黑色橡皮圈，飄流在洞穴裡伸手不見五指的河流中，除了要低身穿過

窄小的岩洞，走過崎嶇不平的路面，還要跳一些小巧卻令人緊張的瀑布，不過可以近距離地觀賞螢火蟲和鐘乳石洞穴，如果選擇進階版，還需要攀上奇形怪狀的岩壁，偶爾溜溜滑索，就像蜘蛛人般的飛簷走壁，是個刺激百分百又保證濕身的探險活動。

5

4 黑水漂的集合換裝處，探險即將開始。
5 這是個團體活動，所以團隊合作也是很重要的。

6 **7** 接下來就是跳水、漫步在叢林、走石子路和爬一點小岩石了。

　　如果不喜歡冒險，也可以挑選比較老少皆宜的漫步行程，觀賞鐘乳石，然後坐上小船，進入只剩下滿天星斗的螢火蟲洞，享受藍光不停閃爍的浪漫時光。靜態的觀賞行程有3種各有特色的洞穴可以選擇，第一個是最有名的懷托摩螢火蟲洞（Waitomo Glowworm Caves），螢火蟲洞最先在80年代被一位毛利酋長發現，探勘後於1889年開放觀光，此行程著重在坐小船觀賞螢火

蟲。再來是約5百年前發現的魯阿庫里洞（Ruakuri Cave），毛利語中代表狗的巢穴，因為毛利人被棲息在洞口的野狗攻擊，才會發現這個地方，這個地洞可是紐國最長的地底導覽洞穴，特色在螺旋入口和近距離觀看螢火蟲，偶爾還能聽見玩黑水漂的人的尖叫聲和瀑布聲，是個適合親子一同漫步的步道。最後一個是阿拉努伊洞（Aranui Cave），以發現此洞穴的毛利人命名，裡頭的鐘乳石美麗得有些不真實，特別是由下往上長的石筍和鐘乳石連接起的石柱，儘管此洞穴是3個主要洞穴中最小的，我們看了後，還是覺得很壯觀，這裡也算是最隱密和最精緻的洞穴。

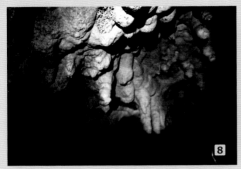

8 9 10

洞穴裡其實是很黑，這時候就要仰賴安全帽上的燈，裡頭的美景讓大家都陶醉不已，除了鐘乳石、螢火蟲還有其他生物，可惜不能帶相機。

11

探險結束，儘管很累，每個人都樂在其中，不過攝影師的技術似乎有待加強。

蒂阿瑙螢火蟲洞
Te Anau Glow Worm Caves

12 蒂阿瑙螢火蟲洞的乘船處，為了保護螢火蟲，洞裡一樣不能拍照。

除了北島的懷托摩，位在南島西南部的蒂阿瑙也是觀賞螢火蟲的好去處，不過這裡只提供乘船觀賞的靜態之旅。蒂阿瑙隸屬南地省（Southland），是在紐國最大的峽灣國家公園（Fiordland National Park）旁的一個小鎮，一樣是毛利語，意思大略是「有漩渦的洞穴」（cave with a current of swirling water），也是到峽灣公園、米佛峽灣（Milford Sound）、螢火蟲洞和號稱世界最美的米佛步道（Milford Track）遊玩的旅客必經的補給站，小鎮旁的蒂阿瑙湖（Lake Te Anau）是紐國南島最大的湖泊，也是螢火蟲洞的所在地。

從蒂阿瑙坐船到螢火蟲洞大約30分鐘，這裡的螢火蟲洞大約有1萬2千年的歷史，算是比較年輕的石灰岩洞，本來只是一個毛利傳說，後來真的被一位醉心於此傳說的布勞斯先生（Lawson Burrows）在1948年找到，共費時了3年，洞穴裡星光點點、漩渦和瀑布也讓蒂阿瑙成了觀光景點之一。

地址
Real Journeys Visitor Centre, 85 Lakefront Drive, Te Anau, New Zealand
交通
長途InterCity Bus
開放時間
2pm～7pm
票價
NZD83

好了沒！跟上我們！

討厭！

悄悄話

記得我們當時正在參觀洞穴，走在我們前頭的是其他城市來的 Kiwi 家庭（紐國人家庭），小朋友時不時的發問，他的母親也一路耐心的解答，過程中孩子因為興奮而提高分貝，母親則以氣音要求他們降低音量，這一課學的是身教大於言教。隨後，我們有幸能跟他們聊上天，才發現東西方的確有些觀點不太相同。

說到家庭文化，紐國的教育傾向獨立自主，子女一旦成年後，都會被鼓勵到外面自己生活，這與台灣熟悉的幾代同堂的習慣相反，也因為如此，西方人較沒有像東方人要奉養父母的道德規範。當然紐國人也重視倫理觀念，只是他們更著重在個人的自由自主性，而我們強調的是共生與共存。另一個差異點是溝通習慣，紐國的家庭成員很重視一同在餐桌上用餐，藉以增加相互溝通與了解的機會，反觀台灣的家庭，因為平時沒有談天的習慣，一旦有了同桌的機會，談論的也只能是較為表面的內容。不僅如此，溝通方式也不同，紐國的小孩通常會被看成是獨立的個體，理應有自己的想法，並且被要求對自己負責，所以他們溝通的方式是交換意見，另一個角度來說，他們的孩子從小就開始培養獨立思考的能力，而這間接訓練了他們接納異已的包容心。我們因為受到儒家思想的影響，較為強調「聽話」二字，若是相互比較兩方的教育觀念，差異的確滿大的。

儘管如此，每種教育方法都有其優缺點，拜現今科技發達所賜，海量資訊唾手可得，我們才能借鏡他人，改善自身。尤其近年來，各個教育階層的老師們不斷發起自身的微改革，從舊觀念到教學方式，都是其探討和追求進步的主題之一，好不讓人欣慰，若改變能在師者身上看到，那我們便不難期待台下莘莘學子的新未來。

小知識大常識

☞ 需要購買門票的活動，大部分都含有市區交通接送服務，可以再次致電商家確認，省去轉車的不便。

☞ 蒂阿瑙旁的峽灣公園已被列為世界遺產，當中的米佛峽灣更被稱為世界第八大奇景，是由冰河侵蝕所形成的自然景觀，地址位置隱密，是靠著口碑才廣為人知，不論是徒步或是搭船，都屬紐國最熱門的活動之一。不過峽灣天氣不穩定，一年裡有一半的時間都在下雨，所以也是個看天氣臉色的行程。

13 去米佛峽灣必經的鏡湖，標示還故意顛倒著放，可惜天氣不給面子。
14 多謝太陽公公賞臉，一路上的風景都是如此壯觀，峽灣美景果然名不虛傳。
15 最後來個直升機視角。

☞ 紐西蘭的外食消費高，建議自己烹飪，除
了可以在超商購買生食和熟食，也能買些
當地產品回去當禮物送人。紐國的主要超
市有Pak'nSave、New World、Countdown、
Woolworth和Fresh choice五大超市，當中又
以Pak'nSave和Countdown的價格最優惠，
不過後者的性價比（CP值）會高一點。

KIMING Share英語

☞ 當地人下公車時，通常都會說「Cheers」，意指「謝謝」，這也廣泛地用在
生活中。

☞ 由於紐西蘭使用英式英語，一樓是Ground Floor，二樓是First Floor，與美
式英語一樓是First Floor，二樓是Second Floor不太一樣，所以偶爾會搞混。
Trash Can和Rubbish Bin也都是垃圾桶的意思，只是前者是美式英語，後者是
英式英語。

☞ 紐國有趣用語：

「Sweet As」＝「Cool、Great」（太棒了）

「It's all good」＝「You're welcome」（不客氣）

「Mean Stuff」＝「Cool Things」（很酷的東西）

「Togs」（NZ）＝「Swimsuit」（UK）（泳衣）

「Jandals」（NZ）＝「Flip Flop」（UK）（夾腳拖）

「G'day」＝「Good Day」（你好）

「Chilly Bin」（保溫箱）

「Ta」（謝謝）

＊（NZ）紐西蘭說法

＊（UK）英國說法

北島

Rotorua/Taupo

羅托魯瓦 / 陶波　火山裡的調色盤

　　羅托魯瓦位於紐西蘭北島的中部，是個充滿地熱資源與森林的城市，更以泥火山和溫泉區享觀光盛名，除此之外，還可以體驗非常道地的毛利文化。

　　「Rotorua」是毛利語，原名是「Te Rotorua-nui-a-Kahumatamomoe」，由一位毛利酋長取名來紀念他的叔叔，大略意思為「Kahumatamomoe的第二

個湖」，所以「Rotorua」是第二個湖的意思。因為羅托魯瓦在內陸，又加上交通不便，因此當地的毛利部落直到1820年代後期才開始慢慢接觸到歐洲人。隨後因著獨特的自然景觀，持續吸引了不少觀光客，儘管在1886年與1917年的火山爆發意外中，摧毀大量的觀光景點和毛利人部落，但它的觀光產業並沒有因此沒

2

3

落。到了19世紀，它那對風濕酸痛具有療效的溫泉水更是聲名遠播，除了泡溫泉，還有人特地過來載水回家。

1 2 3
隨處可見的熱氣和雕刻，顯示羅托魯瓦是個充滿地熱資源和毛利文化的城鎮。

懷奧塔普地熱公園
Wai O Tapu Thermal Wonderland

懷奧塔普地熱公園是一個要收費的活躍地熱區，尤其當中的諾克斯夫人間歇泉（Lady Knox Geyser），只有每天上午10點15分的一場噴發表演，所以建議事先上網預訂門票，並確定接送地點。

一踏進羅托魯瓦，就可以聞到硫磺味。車子從市區開了約莫40分鐘，先抵達諾克斯夫人間歇泉，圍著間歇泉的廣場早已人聲鼎沸。在噴發前，會有工作人員幫大家做個歷史講解，原來這裡會被發現是因為在20世紀初，附近的囚犯丟肥皂而導致噴發，因此這是個可以透過人工誘發的噴泉，它的噴發高度約可到20公尺，加上現場散出的熱氣與煙霧，免不了惹來眾人的一陣興奮

與歡呼！

結束後，大家則繼續前往不遠處的地熱公園。「Wai O Tapu」在毛利語中代表「聖水」的意思，公園占地約18平方公里，裡頭大都是火山口塌陷後所形成的景觀，凹陷的火山坑匯聚的湖水，因為吸收了不同的化學元素，才會變得如此色彩繽紛。公園地圖上標示著3條時間與路程都不同的路線，並清楚指出每個特色景點的位置，方便旅客各自斟酌時間跟體力來選擇。地熱公園最吸引人的地方就在它廣闊又獨特的自然景觀，腳下的泥沙土礫不時發出與鞋底摩擦的聲響，還有因為滾滾泥漿飄散出的濃濃的硫磺味，以及環繞在四周的翠綠

地址
201 Waiotapu Loop Rd., RD 3, Rotorua
3073, New Zealand
交通
長途InterCity Bus to i-SITE（活動接送）
開放時間
8.30am～5pm（11月～3月：8.30am～
6pm）
票價
成人NZD32.5 / 小孩NZD11

森林和層層山丘，都讓我們有種探險的錯覺。園區還特別為各個火山坑命名，像是藝術家的調色盤（Artist's Palette）、惡魔的家（Devil's home）和香檳池（The Champagne Pool）等，白話一點形容，這裡就是有五彩繽紛的礦物池、伸手不見五指的蒸氣迷霧區、似處在荒山野嶺的林間小徑、還有像湖那般大的滔滔泥流及陡峭的石子路，這些對於喜歡親近大自然的人說來，可說是最佳的選擇。

4 藝術家的調色盤就位於香檳池旁，會隨著水位、風向和香檳池的水流，而改變顏色。

5 噴發中的諾克斯夫人間歇泉。間歇泉就是每隔一段時間而噴發的溫泉，噴發點取決於泉水的溫度或地底的壓力。

6 7 這是園區裡最有名的香檳池，於900年前形成，直徑跟深度都超過60公尺，裡頭參雜了多種的化學元素。

8 接下來的要賣個關子，請各位親自去上上生動的地理和化學課了。

羅托魯瓦博物館
Rotorua Museum

9 羅托魯瓦的外觀很像別墅，是個內外兼具的博物館。

在地熱公園耗了大半天，剛好下午的時光可以留給市中心附近的博物館。博物館的建築外觀非常顯眼，調配和諧的色彩緩和了莊重嚴肅的氣氛，卻也不失高貴，乍看之下，還真猜不出它即是博物館。原來它的前身是一座在1908年建成的澡堂，可惜硫磺總是把輸送泉水的管子侵蝕掉，於是只好改建成博物館和畫廊，到了1988年才又把兩者合併。館內展示了大量的毛利文化與該地的發展史，當然還有關於火山的介紹，而旁邊的羅托魯瓦湖（Lake Rotorua）正是個火山口。除了影片外，還有木雕及麻編收藏品等。我們順勢走到了頂樓，陽台外正好可以眺望湖景。羅托魯瓦湖的中間有個小島，叫做摩庫亞島（Mokoia Island），在毛利傳說中，有這樣一個故事，一個美麗的

酋長女兒愛上出身低微的勇士的故事。對於門不當戶不對的戀情，大家自然地持反對意見，所以兩個有情人只得待在各自的家園，羅托魯瓦湖則成了他們之間的天然屏障。某一個夜裡，勇士又在摩庫亞島悲傷地吹奏笛子，酋長女兒聽到後，竟然自行從湖邊的家園悄悄地游泳到摩庫亞島會情郎，儘管天色昏暗，她還是靠著笛聲找到了島嶼的所在之處，最後的結局當然就是有情人終成眷屬了。

地址
Oruawhata Drive, Government Gardens, Rotorua, New Zealand
交通
Bus No. 1
開放時間
因地震維修中

波里尼西亞溫泉
Polynesian Spa

波里尼西亞溫泉和博物館之間的路程不過5分鐘，一樣都在市中心，建在羅托魯瓦湖旁邊，是個非常熱門的觀光點，一踏進大廳就聽見觀光客喧鬧的吵雜聲，人群跟溫泉一樣沸騰。羅托魯瓦的溫泉早於19世紀末就開始發展，這裡的溫泉池是來自兩種地熱溫泉水，一種是可以緩解肌肉酸痛和關節炎的微酸性神父溫泉（The Priest Water），另一種是滋養皮膚的鹼性瑞秋溫泉（The Rachel Water）。如果不習慣泡湯的過程中，還需要忍受旁人的嬉鬧聲，可以選擇私人湖景池。除了溫泉，這裡也提供水療和按摩的服務，設備算是滿齊全的。

當中神父溫泉的名字由來挺有趣的。從前有個住在羅托魯瓦上方的陶朗加（Tauranga）的神父，一直飽受關節炎所苦，後來便有人帶他來到羅托魯瓦，並體驗酸性泉水的療效，沒想到泡完後，神父竟能自己走回家，於是池子一下子廣為人知，人們就稱它為神父溫泉。

地址
1000 Hinemoa St. , Rotorua, New Zealand
交通
Bus No. 1
開放時間
8am～11pm
票價
〈一般池〉成人NZD23 / 小孩NZD10

感覺有尿騷味!!
溫泉

10 私人湖景池也是放鬆身心靈的好選擇，不過荷包也跟著縮水了。

森林滑索之旅
Forest Zipline Tour

森林滑索之旅，就是讓人們體驗像泰山在樹林裡盪來盪去的感覺，除了玩樂，他們更加入具有教育性質的解說。我們在辦公室填寫完身體狀況的評估表後，就隨著導覽員出發前往車程約10分鐘的原始風景保護區。進入森林前，導覽員會再次檢查每個人的安全裝備，並宣導注意事項。當你的眼前只剩下超過百年的叢林巨木，呼吸的是混過露水和泥土的味道，耳邊響起的是蟲鳥的合奏曲，就知道健行即將開始。我們時而走過搖晃的小橋，時而站在繞著樹幹的平台上，時而懸空在只剩下悠悠白雲的天空裡，大家就像郊遊中的孩子們，臉上盡是期待與歡樂。隨行的兩位嚮導在途中講解許多與生態系統和鳥類相關的知識，他們長期在森林保育上付出很大的心力。當天參團的旅客中，不乏早已兒孫滿堂的爺爺奶奶們，他們都輕鬆地跟著大家，聽說之前還有8、90歲的高齡者來參加。在滑索前，嚮導會教大家一些小技巧，安全絕對

11 跟叢林一起呼吸的感覺真好。

11

地址
147 Fairy Springs Rd., Rotorua,
New Zealand
交通
Bus No. 1 to i-SITE（市區內活動接送）
開放時間
8am～8pm
開放時間
成人NZD149 / 小孩NZD119

是需要雙方配合的。聽完後，我暗自祈禱千萬別當那個卡在繩索中間的人，苦了自己樂了大家。體驗過第一次滑索，大家就盪上癮了，每到達一個平台，每個人都興奮地躍躍欲試，直到行程結束還意猶未盡。

塔馬基毛利村
Tamaki Maori Village

12

　　居住在羅托魯瓦的毛利人，已快接近城市人口總數的一半，相較於紐國其他地方，這算是很高的比例，所以，來這裡體驗毛利文化，再適合不過了！除了習俗、飲食和生活方式，我們還能觀賞到堪稱是聞名世界的毛利歌舞表演。

　　塔馬基毛利村距羅托魯瓦市中心車程約20分鐘，上了小巴士，才發現裡頭的位置幾乎快被坐滿，各國臉孔都有，看來大家對紐國的毛利文化也相當感興趣。當天的女司機是個幽默又風趣的毛利人，她在車上教了大家簡單的毛利問候語，由於每個人的發音都不相同，一路上笑聲不斷。

　　抵達村莊後，我們隨即被帶到一個廣場，一群手擲長棍並著毛利服裝與臉部紋身的人也集合到大家面前，開始跳毛利傳統

舞蹈以示歡迎。結束後，毛利人開始排排站在大家面前，經工作人員的說明，原來毛利人打招呼的方式是鼻子碰鼻子，稱為「Hongi」，有些人在當下就熱情地舉手搶著要嘗試這個毛利禮儀。進入位於森林裡的村落後，看著一座座毛利房子，的確有種回到古代毛利時期的幻覺，每一個房子都代表著一道關卡，守著一個等不及想跟你分享一段傳說或者歷史的關主，有神話、編織、舞蹈和雕刻等，讓大家親身

地址
Highlands Loop Rd., Ngakuru,
Rotorua, New Zealand
交通
Bus No. 1 to i-SITE（市區內活動接送）
開放時間
依門票為主（預約跟團制）
票價
成人NZD130 / 小孩NZD70

體驗並學習毛利文化。

　　讓人印象最深刻的莫過於學習他們的戰舞「哈卡」（Haka），大家把雙手向前舉起平行於肩，手掌抖動，雙腳微蹲，並擺出凶狠的表情，還要吐出舌頭，乍看之下，還真有那麼點挑釁的樣子，剎那間，我竟有種戰鬥力被填滿的錯覺。我想起臉書（Facebook）的營運長桑德伯格（Sheryl Sandberg）說的那一句簡單卻充滿魔法的話：「Fake it till you feel it.」（假裝它，直到你真的弄假成真了為止。）若我再堅持跳個幾分鐘，說不定真能靠著意志力成為一名戰士。除了戰舞哈卡，當然還有其他比較溫和的舞蹈，像是甩著絨毛球的「波伊舞」（Poi），比莊嚴的哈卡歡樂多了。而晚餐當然要留在這品嘗用毛利人最有名的烹煮方式「Hangi」所煮出的食物，就是把食材放在地底下，利用熱石頭及泥土把食材悶熟，由於沒有添加任何調味料，所以食物都是原汁原味的呈現。儘管聽起來簡單，

12
關主們最喜歡跟自願者一起同樂了。

13 **14**
毛利村裡，當然少不了毛利舞及雕刻作品。

15
甩著絨毛球的歡樂波伊舞。

實際動手做卻是挺麻煩的，而且石頭和木材還要特別挑選過，否則會影響食物的風味。工作人員講解完，大家早已蠢蠢欲動，恨不得能立刻開動。

回程一樣是那位女司機載著吃飽喝足的大家返回各自的目的地，車上的熟面孔洋溢著心照不宣的滿足神情。爾後司機提議大家輪流唱首家鄉歌，作為今日的壓軸表演。在司機唱完毛利歌後，接續的是一位帶有濃重英語腔的老兄高歌一曲，有些人甚至拿出國歌分享，為了讓大家都能表現一下，司機還特地放慢車速來多偷一點時間。體察到今日的氣氛太美妙，我們這夥人決定拿出輕快的「甜蜜蜜」，願大家能一路甜到底。

HAKA！

不要再表演了！
沒有觀光客了！

16 17
Hangi的烹飪講解，光看著食物，就讓人垂涎三尺了。

18
哈卡舞的氣勢，不需要說明。

陶波
Taupo

19

地址
Taupo, New Zealand
交通
長途InterCity Bus
（先坐車到陶波市，至景點可搭乘市區
裡的公車，或買活動套票送免費接駁）

　　羅托魯瓦下方也有個一樣是充滿地熱又多火山的觀光城鎮，就叫做陶波，城市旁的陶波湖（Lake Taupu）更是紐西蘭最大的湖泊，面積大小就像一個新加坡一樣。位在紐國北島中部的陶波，名字是毛利語，原名是「Taupo-nui-a-Tia」，意思是「Tia的斗篷」，據說是毛利人來到這裡時，看到湖邊的峭壁很像斗篷，所以才取了這個名字。歐洲人於19世紀來了後，這裡的土壤仍舊貧瘠，資源也相當缺乏，情況一直到20世紀中期才改善。他們翻了地，又在湖裡養了鱒魚，這個城市才漸漸發展起來，附近的溫泉和戶外活動也帶動了觀光產業。陶波湖是火山噴發後而形成的，據傳當時最猛烈的一次火山爆發，連在遙遠的中國都能被影響。而紐國最長的河流懷卡托河（Waikato River）就是源自於此，長約400多公里。

　　在距離陶波市區幾分鐘車程的懷拉基觀光園區（Wairakei Tourist Park）附近，有個來自於懷卡托河的胡卡瀑布（Huka

19 **20**
陶波湖的面積就跟一個新加坡差不多大。

21 躲在陶波湖中的毛利雕刻（Maori Rock Carving）。
22 23 胡卡瀑布的浪花不只能欣賞，還能坐上噴射船體驗一下刺激的快感。

Falls），正是著名的景點之一，河道從約100公尺快速縮到約15公尺，所以河流自然形成一個大瀑布。儘管胡卡瀑布並不高，不過湍急的水流還是激起片片浪花，任由陽光灑在清澈的藍綠色河水上，從河道中間的觀景橋看下來，好不美麗！順帶一提，「Huka」在毛利語中正是「泡沫」的意思。瀑布旁偶爾還會竄出載滿探險客的噴射船，恣意地鑽進水花裡，看來他們早已做好了濕身的準備。

除了噴射船、滑雪和白水漂（泛舟），高空彈跳及跳傘也是這裡的重點項目。高空彈跳處在市區附近，彈跳平台是用鋼條和木板構成的，並從懸崖邊延伸出去，跟跳橋的感覺不太一樣，而懸空的木板下方47公尺處則是美麗的懷卡托河。這裡的高度大約是15層樓高，櫃檯的員工說他曾接待一位70好幾的高齡者來挑戰，既然如此，我們只能硬著頭皮豁出去了。跳傘反而不像高空彈跳那樣可怕，因為每個人都會配一個專業教練。跳傘高度的選擇有12,000英呎和15,000英呎，講白話一點就是選擇45秒或60秒

鐘。通常是一組人馬搭上小飛機出發，然後高度低的先跳，當耳鳴症狀的出現，以及戴上氧氣罩那一刻，都會讓人加快心跳，等教練在你耳邊叮嚀注意事項，表示旅程即將開始。從被拖到飛機口邊，感受雙腳騰空和又冷又急速的風聲，到真正跳機，不過幾秒鐘的時間，隨後就像做夢般地翱翔天際，好好觀賞變成小小藍寶石的陶波湖、縮得像積木的房舍，還有像玩具一樣的車子跟田地，再來個空中旋轉，最後完美落地。人生偶爾也要瘋狂一下，因為冒險正是人類的天性。

悄悄話

其實紐西蘭大部分的展覽都離不開毛利文化，政府也祭出多項針對毛利人的福利政策。1990年後期，政府甚至制定相關協議，來補償當年不當取得毛利人土地所對他們造成的損失，並附加正式道歉。紐西蘭政府亦把這樣的議題公開在教育與生活中，他們的歷史課本從不忌諱談論毛利與英國間的歷史，甚至勇於承認過錯，因為和解的第一個條件即是公開事實，再來就是實質地相互學習。紐國學校不但有毛利語課程，他們的教育也總是灌輸孩子「毛利人才是這裡的主人」這樣的觀念，而毛利文化中的戰舞哈卡，更是很多校園比賽中的開場舞，還有紐國的官方機構語音服務的第一句招呼語便是毛利語。這是紐西蘭所認同的平等。雖然這些舉措，也引來一些負面的聲音，有人認為一旦群體之間有了差別對待，那不僅影響地球物競天擇的運作方式，搗亂自然的擇強汰弱機制，更不符合平等的原則。具體來看，毛利人領取各種補助金與犯罪率的人數居高不下，還有些毛利人甚至敢公開地抵抗政府公權力。儘管如此，紐西蘭在實現平等上所付出的努力，仍讓他們成了世界的榜樣，他們所推廣的毛利文化，不但成了國家的標誌之一，更為觀光產業和相關研究帶來巨大的收益。

台灣的原住民當然也有類似的補助。根據歷史文獻的記載，原住民在過去時常成為被欺辱的對象，叫囂訕笑的挑釁經常導致一樁樁鬥毆事件，而被趕到山上居住的原住民，因為物資教育匱乏而成了社會裡的弱勢，這些不諒解必然會阻礙社會的發展和人們的和諧，這也是弱勢團體或少數民族需要被輔導和協助的原因。相較於紐國，我們仍舊還有很大的進步空間，這不只仰賴公權力的介入，期望每個人都能從自身做起，將相互尊重體現在生活周遭的人事物上，如此一來，美好家園將不再只是飄渺的幻影。

小知識大常識

☞ 「你好」的毛利語是「Kia Ora」，這句話能在很多紐
國官方的場所甚至是電話語音都能聽到，還有很多地
方的地名也多是毛利語，而此可知，毛利文化不僅沒
有跟著歷史沒落，反而深植人民的生活裡。

☞ 塔馬基毛利村是一對兄弟創辦的，在那貸款不易的年
代，為了實現這一個想法，當中一人還得賣掉自己心
愛的哈雷摩托車來籌措資金，才有現在的毛利體驗村。

☞ 由於毛利戰舞哈卡的威嚇感十足，它也成了紐西蘭國
家橄欖球隊全黑隊（All Blacks）的招牌開場舞，打響
了知名度。

☞ 市區有個小有名氣的冰淇淋店Lady Janes Ice Cream
Parlour和漢堡店Fat Dog Cafe & Bar，是個犒賞自己的
好地方。

24 在紐國隨處可見的招呼語「Kia Ora」。

25 冰淇淋總讓人無法抗拒（Lady Janes Ice Cream Parlour）。

26 餐點和服務都讓人滿意（Fat Dog Cafe & Bar）。

KIMING Share毛利語

☞ Aotearoa 長雲裊繞之島
（紐西蘭的毛利語）

☞ Pakeha 歐裔紐西蘭人

☞ Kumara 蕃薯

☞ Moko 紋身

☞ Kia ora 你好

☞ Ka pai 好

☞ Hongi 碰鼻的禮儀

☞ Hangi 毛利烹煮食物方式

☞ Waka 毛利戰船

☞ Marae 毛利人房屋

☞ Haka 毛利戰舞

☞ Poi 絨球

北島

1 **Wellington**

威靈頓 風起文湧的慢活首都

　　威靈頓是紐西蘭的第二大城市，亦是首都，不只生活水準高，這裡也是個充滿文化藝術的地方，連國家級的蒂帕帕博物館（Te Papa Tongarewa）和名譽全球的特效公司維塔工作室（Weta Workshop）都設在此。威靈頓還有個「風城」的稱號，就是因為地理位置的關係，常會有班機因為風太大而停飛。

　　威靈頓這個名字的由來，是

為了紀念英國一位戰功無數的威靈頓公爵。在確認此名前，威靈頓就有多種跟港口有關的稱號，這顯示了港口對這個城市的重要性。位置於北島最南端，中間隔了庫克海峽（Cook Strait），屬南北島的中心點。儘管風大，不過受到海洋性氣候的影響，比起其他城市，威靈頓四季如春。靠海的地理位置，造就了多個沙灘景點，港口為僅次於奧克蘭的第二大港，亦是搭船前往南

島的交通要塞。由於地形的關係,很多房子都是環山建造的。威靈頓的大眾運輸系統亦發展得很完善,這裡也曾被票選為世界上最適合居住與遊玩的城市之一!

吹呀!吹呀!我赤腳不害怕!
吹呀!吹呀!無所謂擾亂我!

1
富含文創藝術氣息的首都。

2 **3** **4**
威靈頓機場歡迎所有的魔戒迷。

5 堪稱最有活力的老街，位置就在便利的市中心。

古巴街
Cuba Street

小巧的古巴街位在交通便利的市中心，街道的兩旁商店林立，最吸睛的就是街上的水桶裝置藝術（Bucket Fountain），是由兩個建築師於1969年設計裝置的。沿路除了保養髮妝、服飾店和創意商品小店，還有喝喝小酒的酒吧跟不少的餐廳。這裡也會不定期地舉辦表演活動或創意遊行，更多的是街頭藝人的表演，很多人會帶著一本書，就在這裡悠閒地耗一整個下午。若是碰上週五及週六，正好可以逛逛躋身在巷子裡的夜市，通常是下午5點開始。

古巴街是以一艘名為古巴的移民船命名的，在1840年初期抵達紐西蘭。於1860年代時，古巴街早有了煤氣燈（Gas Lamp Light）和馬拉軌車（Horse-Drawn Tram），可想而知，當時街上的榮景已不容小覷。到了1878年，南半球第一輛的蒸汽軌車也是行駛於此，在1969年又誕生了古巴購物中心（Cuba Mall），最終才成了人行步道街。古巴街上乘載了許多歷史建物，它也曾是當地有名的紅燈區，可惜部分已被1879年的一場大火吞噬。

地址
Cuba St., Wellington, New Zealand
交通
威靈頓機場 → 市中心：Bus No. 91

What the...

地址
Civic Square, Wellington, New Zealand
交通
Bus No. 2
開放時間
10am～5pm

美術館
City Gallery

成立於1980年的美術館，其實是圖書館前身，直到1993年才被改造為現在的樣子，裡面會定期展示不同的作品，較偏向當代視覺藝術。聽說在美術館當年開幕的首場展覽中，參展的一位德籍藝術家，在最近賣出一件價格相當於5百萬美元的作品呢！美術館的前方即是市民廣場（Civic Square），旁邊還有中央圖書館（Central Library）和i-SITE，優越的位置總是吸引不少人潮。市民廣場偶爾會舉辦樂團表演或電影欣賞，人們也喜歡在廣場上享受日光浴，若是抬起頭來，便會發現一個銀色球體，它其實是代表著紐西蘭當地的5種蕨類的藝術品。若是往海的方向走，又會發現很多雕刻藝術品，其中一個大三角形體代表著兩座山，中間的走道則象徵毛利英雄毛伊從海延伸的釣魚線，正好走到底就是潟湖（Whairepo Lagoon），若以此為分界點，右手邊是往蒂帕帕博物館的方向，左手邊則是皇后碼頭（Queens Wharf）的方向。

6
美術館和市民廣場是假日的好去處，很多活動也喜歡在這舉辦。

7
前方就是象徵著毛利傳奇毛伊釣魚線往前延伸的潟湖，除了觀賞人們划舟，還能看到魟魚和鯊魚。

皇后碼頭
Queens Wharf

8

地址
Queens Wharf, Wellington,
New Zealand
交通
Bus No. 2

　　皇后碼頭又被稱為深水碼頭（Deep Water Wharf），是在19世紀中為了商業用途而拍板定案並開始建造，直到20世紀仍在不斷的擴展與翻修。現今已朝多方向發展，除了商船外，還可以看到軍艦及渡輪，並時常舉辦多項展覽與活動。因為有很棒的海景視野，因此更吸引多數商家在這開設高檔餐廳與咖啡館。附近除了有威靈頓博物館外，還有多功能場地的展覽館「TSB Bank Arena」、音樂與科技的玩樂中心「Capital E」和藝術畫廊「Academy Galleries」，以及其他展館。

8 9
碼頭景色優美，以致餐廳林立，也是個看煙火的好地點。

10 11
通往皇后鎮途中的地下市集和法蘭基公園。來到這，一定要感受一下城市的漫活哲學。

威靈頓博物館的前身原為一個建於1892年的物料倉庫，這也成了他們入口處的佈置主題。博物館共有4層樓，空間並不大，在它更名前被稱為城市與海的博物館（Museum of City & Sea），顧名思義裡面展示著關於首都威靈頓的發展，更多的是當地海洋業的歷史，其中有一處小展廳就是以船艙內部為主軸來設計的，當然也是有毛利原住民與歐洲人初來的故事。除了珍貴的古物收藏外，還有發生在1968年那場令人鼻酸的船難（Wahine Disaster）記錄短片，當時的船難共有超過50位的罹難者。當中，最不能錯過的就是位於第三層的迷你小劇場，利用投影技術來訴說古老的毛利傳說，3D效果表現的細緻又逼真，實在是博物館裡的一大亮點！

12 13
小而巧的威靈頓博物館，帶你一探碼頭曾經的風光。

地址
3 Jervois Quay, Queens Wharf,
Wellington, New Zealand
交通
Bus No. 2
開放時間
10am～5pm

蒂帕帕國家博物館
Te Papa Tongarewa

14

「Te Papa Tongarewa」為毛利語，大略的意思為「藏著我們國家珍寶的藏寶盒」（container of treasures）。花了大約4年建造，終於在1998年落成，共有6個樓層。除了關於國家歷史與毛利文化的豐富館藏外，還有屬於小朋友的遊戲區及定期變換的主題展覽，當中最有趣的莫屬互動式展覽，可以藉由3D特效和虛擬遊戲來學習新知，不論是大人或是孩子都能玩得不亦樂乎。由於紐西蘭處於環太平洋火山地震帶，為印度洋及太平洋板塊的交界處，所以發生地震的機率頻繁，有一處展廳除了有相關地理資訊的完整解釋，還設有地震體驗屋呢！

來到這裡觀展，才知道紐西

14 **15** 蒂帕帕博物館以及旁邊的跳水台，底下可是海水，隨時等你試膽。

15

地址
55 Cable St., Wellington, New Zealand
交通
Bus No. 14
開放時間
10am～6pm

蘭是世界上第一個讓婦女擁有選舉權的國家,想當領頭羊,可得先有成為眾矢之的的勇氣,儘管爭取的過程艱辛,卻也不負眾望地改寫女性地位的歷史,而功不可沒的推手,就是被印在10元紐鈔紀念的雪帕得女士(Kate Sheppard)。還有被紐國漁民捕獲的巨形烏賊(Colossal Squid),尺寸巨大的標本,常被稱為鎮館之寶。當然也有國寶奇異鳥的介紹,就身體尺寸的比例來看,奇異鳥的蛋可說是世界上最大的蛋了。奇異鳥因為生性害羞,所以都在夜間活動,並且嚴格實行一夫一妻制,而雄鳥還要負責孵蛋,真是太浪漫了,這裡不愧是個對女性友善的國家。

16 17
國家博物館的展覽類型很廣泛,可以從恐龍談到爭議性大的同性婚姻,過程中,不忘暗示大家要愛地球。

18 19
博物館旁有個週日早市,就像傳統菜市場一樣,價格便宜蔬菜新鮮。接著走,則是往東方灣的路程,那可是一段外拍天堂。

東方灣
Oriental Bay

20

地址
Oriental Bay, Wellington,
New Zealand
交通
Bus No. 14

東方灣可說是威靈頓最受歡迎的海灘，靠海的城市總有大大小小的沙灘，供大家去玩沙踏浪曬太陽。還沒抵達東方灣海灘，就可以在沿途看到很多人在慢跑、騎單車和溜滑板，經過的一排以藍色船棚為背景的小船，簡直就是外拍天堂。這個海灘連結了佛瑞柏格海灘（Freyberg Beach）和東方灣海灘（Oriental Bay Beach），約在2004年才完成改建，不只海水清澈透明，就連裡面的沙也都是特地從尼爾森（Nelson）的黃金海岸（Golden Beach）運來的，附近還有冰淇淋及美食小店讓你解解饞。

20 21 22 23
如果沒看過清澈的海水，可以來這裡開眼界。

21

22

23

維多利亞山
Mount Victoria

這個城市裡最著名的景觀台是座落在市區旁邊的維多利亞山，360度零死角的觀景台讓城市燈火與海港風光盡收眼底。我們習慣在天黑之前上山，看著夕陽恣意地在威靈頓身上揮灑自如，當你還沉浸在山海的浩瀚與微風的輕撫時，燈火早已悄悄地取代了金黃的暮色，在你還沒來得及反應時，一幅人工的夜景圖就這樣完成了。維多利亞山的森林步道建設得也很完善，下午在樹林間呼吸芬多精，到傍晚再去賞夜景，也算是個不錯的安排。這也就不難想像身為道地威靈頓人的導演傑克森（Peter Jackson），為何安排此地在魔戒首部曲中客串一下，成為主角躲開被追殺的場景，其實是不想藏私地把這個景點推薦給大家。

24 25 26
維多利亞山的日景和夜景一樣讓人陶醉。

地址
Lookout Rd., Wellington,
New Zealand
交通
Bus No. 20

維塔之家
Weta Cave

27

27 28 29 30 31 電影迷的朝聖地，維塔之家。

威靈頓還有一個享譽國際的特殊景點，就是鼎鼎大名的維塔之家與維塔工作室（Weta Workshop）。維塔之家像個紀念品店，還沒進門，就可以看到3個守在門邊的巨怪，店裡擺滿了很多相關角色的模型、道具和紀念品，還有印成書籍的手稿。除此之外，他們還提供了免費的幕後採訪影片，非常有趣。維塔工作室則是一個國際級的特效公司，參與的電影除了大家熟知的《魔戒》與《哈比人》外，還有在全球票房表現不俗的《阿凡達》、《金剛》等，他們還跟蒂帕帕博物館合作，展覽一系列讓人分不清真假的模型。若對電影和道具有興趣的話，不妨參加他們需要事先預約的付費導覽，由工作室人員帶你參觀並講解電影與道具模型的製作過程，讓你一窺電影幕後的情況，是電影迷不能錯過的朝聖景點之一。維塔工作室的前身其實是在1987年創立的「RT Effects」，當中的兩個靈魂人物就是理查（Richard）和塔妮亞（Tania）。在正式成立維塔之前，《魔戒》的導演就常與兩人合作。而「Weta」是毛利語，是紐國的一種蚱蜢。

地址
Corner Camperdown Rd. & Weka St., Miramar, Wellington, New Zealand
交通
Bus No. 2
開放時間
9am～5.30pm

28

29

30

31

蜂巢
The Beehive

32

地址
Molesworth St., Wellington 6160,
New Zealand
交通
Bus No. 2
開放時間
10am～4pm

　　紐國的國會大廈是由議政廳、國會圖書館及辦公大樓組成。其中的辦公大樓「The Beehive」，於1981年完成，因它的外觀似蜂巢而得名，也因為它那正反兩極的外型評價而出名。地面往上有10層，底下還有4層，裡面除了有首相的辦公室，也是內閣官員辦公的地方。非常建議參加他們提供的1小時免費導覽，導覽員會帶著你邊逛邊解說相關歷史及議會運作，讓你了解關於憲法通過與君主立憲等相關知識，因為紐西蘭是君主立憲國家，所以他們的元首仍是英國女王，令人最印象深刻的是此建築有非常先進的抗震結構，這些都會在導覽過程時一一介紹，可惜裡面是禁止拍照攝影的。

33

34

35

32 33 34 35
國會大廈。威靈頓最早的教堂其實是建於1844年，位置就在蜂巢這裡，後來才被舊聖保羅教堂取代。

舊聖保羅教堂
Old St. Paul's Cathedral Church

舊聖保羅教堂於1866年啟用，為了因應需求而慢慢擴增，才是我們現在看到的面積大小，是威靈頓最富有歷史涵義的哥德式建築之一，建材全都是選用紐國當地上等的木材。內部高聳的拱柱就像是上下顛倒的帆船，而從彩色玻璃窗透射進來的陽光，更為教堂增添不少高貴神祕的色彩。有趣的是小講台上有隻展翅的老鷹，而聖經則擺在老鷹的背上，原來是因為人們認為老鷹飛得最高，並且能帶回上帝的話語。然而在1964年，新教堂建設完後，這裡就成了開放給民眾當成婚禮和宴會的場所。

36 37 38
舊聖保羅教堂的彩繪玻璃，是後來慢慢加上去的，為了紀念威靈頓的傑出人士。教堂最裡面，有個販售飾品的小角落，一走進去，彷彿置身於一個迷你聖誕派對。

地址
34 Mulgrave St., Thorndon,
Wellington, New Zealand
交通
Bus No. 2
開放時間
9.30am～5pm

植物園
Botanic Garden

39

地址
101 Glenmore St., Thorndon,
Wellington, New Zealand
交通
Bus No. 3

　　1868年建立的植物園是個佔地25公頃的公園，常常一個拐彎又是一處祕境，建設的步道很適合散步和慢跑，在裡面還有個小型的遊戲區，非常適合親子郊遊，此外，這裡也常常舉辦音樂會。植物園旁還有個被歸類為國家級的圓形廣場的玫瑰園（Lady Norwood Rose Garden），在1953年開幕，園內擁有超過300種玫瑰，諾伍德女士（Lady Norwood）是威靈頓的前市長諾伍德（Charles Norwood）的夫人，夫妻倆對威靈頓的發展都極有貢獻。其後方還有個維多利亞式的溫室，裡面布滿著來自世界各地的植物，讓觀賞者不論何時到訪，都不會敗興而歸。

39 **40**
像個小森林的植物園。

41 **42**
植物園旁，美麗的玫瑰園，溫室裡頭綻放的花朵也不遜色。

40

41

42

纜車
Cable Car

　　植物園頂端正好就是纜車的乘車處，可以直接坐下山到市中心的蘭頓碼頭街（Lambton Quay），省去走路的麻煩，或是從蘭頓碼頭街坐上來，再從植物園下山。纜車從1902年即開始營運，經過了蒸汽改成電力的時代，我們現在乘坐的，是在1978年更新後的纜車，這不只是為了觀光營運，更是方便居民上下山的交通工具。山頂除了可以一覽市區風光，還可以逛逛纜車博物館（Cable Car Museum）及卡特天文台（Carter Observatory）。博物館裡頭擺放著走了一個世紀的老車廂，每一個角落都留下行駛歲月的痕跡，還可以觀賞纜車歷史的影片。而屬紐國最先進的卡特天文台則要購票入場，不過對於享受著被行星們包圍的天文迷來說，是非常值回票價的。除了太

地址
Cable Car Lane, 280 Lambton Quay, Wellington, New Zealand
交通
Bus No. 2
開放時間
7am～10pm
（週六：8.30am～10pm /
週日：8.30am～9pm）
票價
成人NZD4 / 小孩NZD2

空宇宙的知識及觀星的天文望遠鏡，互動式的展覽更是讓人意猶未盡，從有趣的毛利神話到複雜的地球科學，原來學習也可以這麼好玩。紐國有很多博物館都主打互動學習，就是要把知識活潑化，一改過去對學習既冗長又沉悶的印象，如果改變能從國家開始著手，影響的範圍就不單單是國民，還有每個遠道而來的旅人。

43 44 45
植物園頂端的纜車乘車處和卡特天文台。

46 47
覽車的山底站就是熱鬧的蘭頓碼頭街。

悄悄話

在蒂帕帕博物館4樓，展示著偌大的懷唐伊條約，有英文與毛利文版本，懷唐伊是簽約的地點，於是就稱為懷唐伊條約。簽約人為英國政府和毛利酋長們，這個條約讓紐西蘭正式成為了英國的殖民地，在那個資源容易被各個國家搶奪的年代，毛利人可享受被大英帝國保護的權利。另一方面，毛利人也將在往後的日子失去他們大量的土地，這樣大小不斷的土地戰爭持續了大約20幾年。由於條約的英文版和毛利文版中，對「自治」一詞有不同的語義與見解，所以直到現在，這都還是一個爭議點。說到此條約，不得不提及真正探入紐西蘭的庫克船長（Captain James Cook），因為他把此地回報給英國，才有後來大量的英國移民，雖然荷蘭人是最先發現此地的，不過那位荷蘭探險家連腳都還沒踏到地面，幾個下屬就被原住民殺害，因此，紐國在舊文獻裡便成了凶惡之地，這正好給了野心勃勃又勇於冒險的庫克船長芳名留世的機會。庫克山脈、庫克海峽和庫克群島等都是為了紀念這位偉人。

庫克就像個典型的白手起家人物，他所付出的努力造就了他不凡的一生。他的父母親在農場工作，他在學校只接受了幾年教育，就到雜貨店打工。後來又花了幾年時間到商船工作，在那習得了大量的航海相關知識與技術，隨後卻毅然選擇到皇家海軍服役，並發掘出自己在繪製地圖方面的才能。後期，庫克都致力於地圖繪製，而他的作品的影響力更是長達了兩個世紀。然而，就是在1769年的一次探索中，庫克與紐西蘭的相遇改變了彼此的命運。庫克在1768年到1779年共探索了太平洋3次，而在1779年，庫克造訪夏威夷島，因為一些巧合而陰錯陽差地被島民當成神，並對庫克及其船員禮遇有佳，還送了庫克一件由兩萬隻鳥的羽毛製成的披風（本在蒂帕帕展示，於2016年移至夏威夷展覽）。而庫克一行人離開後，因為船體有些毀損，為此又折返回去，卻引起島民的不解與憤怒，雙方因為誤解而起了衝突，庫克就此喪命於夏威夷的原住民手裡，得年50。爾後，庫克成了英國的驕傲。然而，當權者的歷史通常都會理所當然地成為一個國家的歷史，所以庫克的貢獻亦被紐國人持續的傳頌。我不清楚他在毛利人心中扮演的角色是什麼，也不確定他是否也被毛利人當成英雄，但他勤學向上與勇敢冒險的精神，的確值得後人學習。

小知識大常識

☞ 威靈頓的地震次數高於紐國的平均值。在1848年時，這裡發生一場幾乎毀掉大部分建築的大地震。好景不常，就在重建結束後，於1855年又來了一場大地震，不過這次僅有些舊時的磚造房屋倒塌受損，其他後來建造的木造房屋都沒有大礙，所以威靈頓大部分的房子都是木造的。

☞ 在去皇后碼頭的路上，經過的海濱區（Waterfront）有一個地下市集（Underground Market），裡面主要是販售當地的手工文創商品以及自製的食品，開放時間是每週的星期六，當然也是不需要入場費的。往前走即是在1980年代中期就開放的法蘭基公園（Frank Kitts Park），它算是海濱區最早開發的區域之一，非常適合親子遊玩。而公園是以威靈頓任期最長的市長命名的，他也參與了在1969年完成的古巴購物中心的開幕儀式。

☞ 在威靈頓博物館附近，有一個特別的飲水器，在飲水器的底下多了兩個狗盆。原來它是為了紀念在1930年代活躍於海濱區的一隻萬能梗（犬種）佩迪（Paddy），牠失去了小主人後，便時常遊走在碼頭邊，隨後深受大家的喜愛，去世時，還上了當地的報紙。

☞ 古巴街附近的餐館Fidel's Café、Southern Cross Garden Bar Restaurant、Olive Café、Pizza Pomodoro，東方灣旁的冰淇淋店Gelissimo都在當地饕客用餐的口袋名單內。另外，每年的8月威靈頓也會舉辦美食比賽（Visa Wellington On a Plate），有參加的商家都會推出限定版餐點，是個嚐鮮的好機會。

48 這是為了紀念碼頭愛犬佩迪所設的。

49 餐館Southern Cross Garden Bar Restaurant的一角。

50 餐館Olive Café的一角。

旅途Fun輕鬆

☞ 某天在等公車時,來自台灣的留學生阿妮看到一個汗流浹背的高中男學生,就轉頭向來自德國的蘇珊說:「He is hot.」(他很帥),只見蘇珊從頭到腳地打量了那個男孩,再用不解的眼神看著阿妮,阿妮才發現自己口誤了,所以馬上改口說:「I mean it seems he feels hot.」(我是說他好像覺得很熱)。

☞ 另一個在日式料理店打工的台灣朋友麥可,因為他的破英文,常鬧出許多笑話,好幾次他都冒著遭天打雷劈的危險,昧著良心說自己是日本人。有次遇到客人要求:「No flour, thanks.」(不要加麵粉,謝謝),麥可直覺地脫口而出說:「Of course, we don't have flowers.」(當然,我們也沒有花),麥可機警的同事聽到後,立刻前來救駕回說:「Sure, no flour.」(好的,不會加麵粉)。

☞ **漏網特輯:熱鬧的早晨市場。**

南島

南島

1

Christchurch/Akaroa

基督城 ／ 阿卡羅阿　在花園之城歷劫歸來後

到了基督城，一定能感受到當時一場大地震的威力。那場規模6.3的地震，發生在2011年2月22日，造成185人喪生，幾千人受傷，數萬人流離失所，家門前成了淤泥池塘，那些崩塌的磚塊瓦礫埋葬了許多還來不及綻放的生命，基督城被震得一片灰紅，街道頓時間滿目瘡痍，只剩下人們的惶恐與哀慟。此地震發生的4個多月前才剛發生過規模7.1的地震，對於仍在修復的城市而言，這無疑是雪上加霜。因為地震的關係，使得人口外移，也讓基督城從紐國第二大城市變為第三大城市，不過在南島仍屬最大城市，也仍是大家心中的「花園之城」（The Garden City）。

基督城算是紐西蘭的大城市，它位於南島的東海岸中部，是坎特伯雷省（Canterbury）最大的城市，地形平坦，屬溫帶氣

候，夏季較其它城市炎熱，在冬季會下點雪。基督城最早的住民一樣是毛利人，後約在1850年來了4艘英國移民船，其實英國人早在1848年就有了建設此地的計畫，並且是以仿英國的概念為主，所以這裡也算是全紐國最具有英國味的城市之一，城市裡的哥德式建築也多是這個時期建造的，而其名稱的發想來源正是英國牛津的基督城學院，連那條貫穿城市的雅芳河（Avon Rive）的名稱也是蘇格蘭移民取的，基督城更是英國皇家承認的第一個紐國城市。

1 **2** 英國味十足的基督城。
3 名符其實的法國小鎮，阿卡羅阿。

基督城大教堂
Christchurch Cathedral

4

城裡的一個具象徵意義的古蹟，並沒有倖免於2011年的大地震，就是有著100多年歷史的哥德式基督城大教堂。教堂建於1864年，後來因為資金問題，直到1904年才完成，一開始計劃以木頭為主要建材，後來才改為上等的石材建造，尖塔高63公尺。其實大教堂已經因為地震的破壞而維修過數次了，可惜這次嚴重的損毀使得整修工作困難重重，修繕時間也遙遙無期，於是政府決定在離舊教堂幾百公尺處，興建一座暫代的紙教堂（Cardboard Cathedral），它同時也成了基督城新的觀光景點。新教堂於2013年啟用，它的設計師是來自日本的坂茂先生，教堂外觀是個簡單的三角形，以鋼筋和木頭支撐，地板是混泥土，而周圍用循環再造的紙做成的環保紙管牆，材料都上了防水和阻燃的化學劑來增加強度和安全性，教堂內彩色玻璃窗的設計也是效仿舊教堂的玫瑰窗，裡面可以容納700人，使用

地址
Cathedral Square, Christchurch Central, Christchurch 8011, New Zealand
交通
基督城機場 → 市中心Bus No. 294
開放時間
因地震維修中

地址
234 Hereford St., Christchurch
Central, Christchurch 8011,
New Zealand
交通
基督城機場 → 市中心Bus No. 60
開放時間
9am～5pm

5

年限更長達約50年。

　　在舊教堂旁邊，仍舊佇立著在大教堂廣場的一座18公尺高的聖杯（Chalice）雕塑，是由紐國的藝術家道森（Neil Dawson）設計，並於2001年完成，用來慶祝千禧年和基督城建市150週年，以42個本土的葉片形狀組成一個巨大的聖杯鐵雕塑，白天的陽光照得它閃亮，夜晚的燈光也使它美得耀眼。

6

4 **7**
因地震毀損嚴重的基督城大教堂，以及大教堂廣場上的聖杯。

5 **6**
守護人們信仰的紙教堂。

7

植物園
Botanic Gardens

8

植物園和海格里公園（Hagley Park）只隔了一條雅芳河，正好位於市中心，在1863年成立，佔地約21公頃，第一棵英國橡樹就是為了慶祝當時為英國王子的愛德華七世（Edward VII）的婚姻，裡面還細分了很多不同主題的小花園，植物種類更超過萬種。其中的玫瑰園（Rose Garden）共有多達250個品種的玫瑰隨著季節展示，還有個有趣的草藥花園（Vegetable & Herb Garden），裡面的花草就是用於食用和醫療的。而超過百年歷史的皮卡克噴泉（Peacock Fountain）同樣也很吸睛，它從一開始亮相就飽受批評，一直到後來砸大錢重新修復後，很多人對它整體的觀感仍舊不滿意，也算是話題性十足的藝術品。

8 9
植物園裡的很多植物品種，都是移民種來紀念家鄉的。

地址
Rolleston Ave., Christchurch 8013, New Zealand
交通
Bus No. 29
開放時間
7am～6.30pm

9

坎特伯雷博物館
Canterbury Museum

10 博物館和皮卡克噴泉正好互相襯托。

　　坎特伯雷博物館正好在植物園旁邊，創立於1867年，之後又於現在的館址重新建造，在1870年對外開放並持續擴建，一直到19世紀晚期才修建完成。館內的展示品也會跟國外的博物館交換展覽。除了展出紐國歷史文物與動植物標本，還有毛利人用亞麻編織的服飾和草鞋，這讓我想起台灣舊時代用稻草編織的草鞋，儘管外型不同，但是型式上看來很相似。仿舊時基督城街道的展區也很有趣，像是讓你回到過去的殖民時代，街道上的商店裡，也大多是當初英國移民帶來的物品，現在已是古董了。另一個讓人印象深刻的是南極展廳，廳內展示著南極探險車和相關裝備，還有上個世紀的科學家所留下的成果，原來基督城因為地理位置的關係，早在20世紀已成為南極探險隊的基地，在那個渴求新大陸的航海年代，更多的是留在船上那些回不來的遺憾。此外，博物館內還有清朝時期的文物，甚至有完整的服飾和皮影戲互動區，可能是舊時的華人移工留下來的。博物館面積不大，但每個空間都被利用得淋漓盡致，佈置也很精緻，真不愧是個藝文城市。

地址
Rolleston Ave., Christchurch 8013, New Zealand
交通
Bus No. 29
開放時間
9am～5pm

南極國際中心
The International Antarctic Centre 🔟

🔟 位置正好在機場旁的南極國際中心。

除了可以到博物館看南極，機場附近也有個1992年開幕的南極國際中心，對於生長在從不下雪的地方的我們，算是個挺新鮮的體驗中心。除了歷史介紹，還可以看到小藍企鵝（Little Penguin），被毛利人稱為「Korora」，體型小，也是世界上最小品種的企鵝。而最有趣的，莫過於室內與戶外兩大體驗區。穿上工作人員發放的保暖衣後，我們進入室內的零下模擬環境，儘管身著厚衣，在強風暴雪的襲擊下，大家還是被凍得直發抖，就好像真的身處南極一般。而戶外體驗區的部分，是教練領我們坐上一台越野車，一路感受車子行駛在潮濕地、水泥地、石地等崎嶇不平的路面的差別，好幾次車子劇烈的搖晃，都讓大家忍不住驚聲尖叫，真是好玩又刺激！不過，我們也了解到在冰天雪地裡生活的困難，心裡不由得佩服起在南極工作的人們，他們的職業可是要拿生命當作賭注的。

地址
38 Orchard Rd., Christchurch Airport, New Zealand
交通
Bus No. 29
開放時間
9am～5.30pm
票價
成人NZD59 / 小孩NZD29

雅芳河撐篙
Punting on the Avon

基督城被兩條主要河流圍繞，一條是希思科特河（Heathcote River），另一條則是雅芳河，它長約14公里，蜿蜒地穿梭在市中心裡。早期毛利人利用它來當作運輸工具，有時還能捕捕水產來填飽肚子，他們稱它為歐塔卡羅（Otakaro），意思是「玩樂的地方」。英國人來了後，又給它起了雅芳河這個名字，就是為了紀念他們在蘇格蘭的家鄉。除了花園之城，這裡也叫橋都（The City Of Iconic Bridges），因為城市裡，擁有超過250座橋。人們也稱基督城是小英國，或許應該要歸功於雅芳河把英國劍橋的康河描繪得維妙維肖吧。

平底船（Punt）乘船的起點就在植物園附近的安帝瓜船棚（Antigua Boat Shed），我們坐上船欣賞這個城市，身著襯衫西裝褲的船夫會在

地址
2 Cambridge Terrace, Christchurch, New Zealand
交通
Bus No. 29
開放時間
9am～6pm
（4月～9月：10am～4pm）
票價
成人NZD28 / 小孩NZD12

12 13 從小船上品味出的基督城，別有一番滋味。

沿途分享許多基督城的歷史故事，有時成群的鴨魚們也會結伴加入導覽，我們時而滑過隨風搖曳的垂柳，時而穿過一座座小橋，河面的倒影不經意地將大家帶入詩境裡，彷彿每一個角落都能從大文豪的筆尖裡灑出一個個美妙的傳說。30分鐘的導覽時間一到，大家再次回到那個擁有超過130年歷史的安帝瓜船棚結束遊船，船棚仍舊含蓄地站在那裡，持續用篙敲出屬於這個城市的旋律。

除了撐篙，雙層巴士和復古觀光電車（City Tram）的導覽，也都是認識基督城的好選擇。尤其電車大多在20世紀初即開始服役了約50年，退場後，直到1995年才又重出江湖，所以每台電車都有百年的歷史，它會帶你遊過教堂廣場、雅芳河、維多利亞廣場、新攝政街、藝術中心等主要的市區景點。還有位在市中心附

14 15
老車廂和創新的集裝箱市集都成了基督城蛻變的過程。

近的一個叫做「Re:Start Mall」的市集廣場，名稱即有「重新開始的意味」，他們把貨櫃屋當作商店，來組成一個廣場。這個市集廣場的由來，是因為2011年的地震損壞了大部分的建築物，所以政府便在一個空地放上許多便捷又低成本的貨櫃，當成暫時的商店，結果這個創新的做法深受好評，五顏六色的貨櫃屋就像給了城市一股活力般，市集越來越熱鬧，從一開始的20幾個商家，慢慢增加到超過50個店家進駐，假日還可以看到街頭藝人的表演。裡面就像一個創意市集一樣，有得逛也有得吃，廣場旁邊還有百貨公司，每到假日，這裡總可以看到滿滿的人潮。

纜車
Gondola

纜車似乎是觀光城市必備的玩樂項目之一，基督城的纜車在2011年地震後就停駛了，直到2013年才又開放。正好坎特伯雷博物館前有付費接駁車（Gondola Shuttle），搭巴士即可到達位於希思科特村（Heathcote Valley）的纜車乘車處。纜車駛到港口山（Port Hills）和凱文迪士山（Mt. Cavendish）的山頂站大約10幾分鐘，全長約1公里，除了飽覽基督城市景、利特爾頓港（Lyttelton Harbour）和南阿爾卑斯山，就連圍繞著港口的海灣都看得一清二

地址
10 Bridle Path Rd., Heathcote Valley, Christchurch, New Zealand
交通
Gondola Shuttle
開放時間
10am～5pm
票價
成人NZD28 / 小孩NZD12

16 俯瞰到的利特爾頓港是個居民只有幾千人的小鎮，他們也是經過2011年大地震後，仍在修復中的受災區。
17 光禿禿的山景也很有特色。

楚。原來港口山是利特爾頓火山殘留的火山口，已存在了1,200萬年，再經過氣候與自然的侵蝕，整座山丘顯得禿黃乾枯，對比旁邊的山海和平原風光，很是特別。山頂上除了有咖啡館和禮品店，還可以乘著軌道車進入時光隧道（Time Tunnel），聽聽基督城和港口山的故事，看看他們的歷史，大約10分鐘就結束了。下山除了可以坐纜車，還有多條健行步道，可以選擇步行下山，讓你慢慢欣賞美景，再坐巴士回市區。

阿卡羅阿
Akaroa

18

阿卡羅阿是個距離基督城快2小時車程的城鎮，大家更喜歡稱呼它為「法國小鎮」。阿卡羅阿是毛利語，意思是「長長的港灣」，它位在基督城東南方的班克斯半島（Banks Peninsula）上，而其港口正是由火山口形成的。1838年時，一位法國捕鯨船長（Captain Langlois）來到此地，並且深信這裡是捕鯨的好地方，於是他打算在這裡建立法國殖民地，在與毛利人協商後便返回法國招集更多的人同行，可惜他在1840年回來時，毛利酋長們已跟英國簽署懷唐伊條約，因此主權落到了英國身上，儘管如此，那些法國人們還是決定留下，我們才能看到今天的法國小鎮。在搭

19

20

地址
Akaroa, New Zealand
交通
Akaroa Shuttle

乘接駁車前往阿卡羅阿的路途中，風景即美得讓人如痴如醉，司機也會很盡責地分享當地的小故事。一進入小鎮就看到正在飄揚的法國國旗，連商店和街道名稱都是法文，在這裡可以嚐嚐法國菜和海鮮，爾後散步到港口，觀賞多到嚇人的海鷗跟山明水秀的海港，或跟著郵輪去會會海豚，最後再去禮品店逛逛，看看當地的特產紀念品「藍珍珠」。

18 19 20
法國人的品味有目共睹，這裡是個清幽的偏僻小鎮。

21 22
前往法國小鎮的途中，景色優美，小鎮的艷麗色彩不僅帶有它的思鄉情節，更顯示出了它的與眾不同。

21

22

悄悄話

我們在市區蹓躂了一下，發現基督城其實仍在修復階段，街上的斷壁殘垣、用封條圈住的建築，以及一排排警示的三角錐，無處不提醒人們那場不能遺忘的災難。我輕聲地向友人說這個城市的美麗可能再不復見了，他指了指隨處可見的顏色絢麗的塗鴉牆，又瞥向旁邊那幾個公共藝術彩色羊，然後告訴我說，他覺得這個城市很美，尤其是它的態度，它正謙虛地用它的方式，告訴大家基督城並沒有被打倒。的確，我一直都很喜歡那些戰勝困難的故事，基督城的歷劫歸來或許也該是其中之一。

2004年發生了影響多個國家的南亞大海嘯，死亡人數超過20萬，受到影響的家庭不計其數，看著照片，沒有人不為那形同廢墟的度假勝地而動容。經過了數年，受災最嚴重的印尼，早已如新生般地從悲痛中再次重生。地球每年都會發生大大小小不計其數的自然災害，很多人甚至沒來得及要求老天爺給個交代即撒手人寰，而被留下的「幸運者」一夕之間失去了所有，甚至是他們的至親，眼前除了黑暗，什麼也沒剩下。

與其自怨自艾頹廢過日，倒不如昂首重新振作起來，這或許是基督城最想傳達的訊息。儘管修復之路似乎看不到盡頭，但我相信它總有一天會把自己準備好，再次耀眼地登上舞台。偶然經過一間民宅，剛好與一位正在修剪花草的爺爺四目相交，他送了我一抹淺淺的微笑，然後又繼續埋頭在屬於他的花園天地裡，而他就是那些付出努力讓基督城再次成為花園之城的其中一個人，他的態度決定了這個城市的高度。

小知識大常識

☞ 植物園裡有很多百年老樹木，大多都是當時的英國移民從英國進口並種下的，為的就是能睹樹思鄉。

☞ 台灣也有一座同樣是坂茂先生設計的紙教堂，那是為了被1995年日本阪神大地震損毀的神社而建造的，由於紙教堂便於拆卸與移動，爾後輾轉來到台灣中部，繼續撫慰1999年921大地震的重災區埔里。

23 **24** **25** 修復中的基督城，仍背負著大家的期望。

☞ 基督城的建築都被政府評估過，顏色代表改建的程度，有些只需加強結構，有些則要重建，為的就是能強化防震能力。由於重建時間過長，還是不免引起居民的報怨。

☞ 基督城彩色羊板凳的設計師名為Christophe Machet，構想源自於他幼時生活在法國鄉村的場景，就是車子被一群羊擋住去路的可愛畫面，所以這些羊除了可以減緩車輛與當成座椅外，還能美化市容呢！

KIMING Share毛利語

　　紐國常常有家庭朋友間的聚會，當中最常見的就是「Potluck Dinner」，意思是每個人都要準備一道餐點分享給大家。另外，如果參加聚會，主人告訴你要「Bring A Plate」或「B.Y.O.」（Bring Your Own Food），意思不是真的要你只帶一個盤子，而是麻煩你也準備一道餐點分享，要是你真的只帶一個空盤子，那場面就尷尬了。

南島

Aoraki Mount Cook / Lake Tekapo

庫克山 / 蒂卡波湖　大自然的神作

　　庫克山坐落在紐西蘭南島中西部，與基督城同屬坎特伯雷省，高度約3,724公尺，是南阿爾卑斯山脈中最高的一座山，當然也是紐西蘭最高的山。名字當中的「庫克」，是為了紀念把歐裔民族帶來紐西蘭的庫克船長，奧拉基（Aoraki）則是毛利語，有些人相信這是高聳入雲的意思，有些人則說奧拉基是毛利傳說中的一位人物。在1998年，紐國政府決定將兩個名字並列，在在顯示出這座山對紐西蘭的重要性。

1
確實高聳入雲的庫克山。

2
冰河融水的蒂卡波湖。

庫克山國家公園
Aoraki Mount Cook National Park ③

　　庫克山國家公園於1953年成立，集結了約19座超過3,000公尺的山脈，庫克山當然是其中之一。整個國家公園占地7萬公頃，當中的冰河面積占40%，更有1/3的地方常年積雪。公園內有9條健行步道，可依自身的喜好來選擇徒步的時間和距離，當然也有難易之分，是不需要花錢跟團，又可以觀賞冰河的方法之一，只是無法近距離接觸冰河。

地址
Aoraki Mount Cook National Park, New Zealand
交通
長途InterCity Bus

③ 6
春夏季的公園生氣盎然，眼前的景象太真，亦太假。

4
沿路的風景時時提醒我們，集結群峰的庫克山國家公園就在不遠處。

5
最簡陋的停車場，卻有強大的背景撐腰。

最受歡迎的是胡克谷路線（Hooker Valley Walks），從庫克山村（Aoraki Mount Cook Village）出發的話，來回大約4小時，路上會經過3個吊橋，途中主要的景色是庫克山和胡克冰河（Hooker Glacier），終點會在胡克冰河末端的胡克湖，幸運的話，還可以在湖上看到浮冰。比較輕鬆的是啄羊鸚鵡角步道（Kea Point Track），來回大約2小時，沿途的景色是庫克山、契佛頓山（Mt. Sefton）和穆勒冰河（Mueller Glacier），當然終點就是穆勒冰河，路程中的觀景台可以一覽山湖美景。如果想體驗更短程的步道，也可以選擇來回差不多1小時的塔斯曼谷步道（Tasman Valley Walks），當中會經過藍湖（Blue Lake），如果在夏季，還可以在藍湖游泳，接著往下走就可以看到冰磧牆（Moraine Wall），也就是冰河夾帶的泥沙堆積出來的牆。不管選擇哪一條路線，都可以欣賞大自然無與倫比的畫功，紐西蘭的風景沒有最美，只有更美！

塔斯曼冰河探險
Tasman Glacier Tour 7

7 8 因雕刻山川而混著泥沙的冰河水，為紐西蘭的湖泊染上特有的藍綠色。人們賞山，賞河，更賞渺小的自己。

　　除了爬山和步道，這裡最不能錯過的就是冰河探險，目前最熱門的三大冰河體驗分別是福克斯冰河（Fox Glacier）、法蘭茲約瑟夫冰河（Franz Josef Glacier）和塔斯曼冰河（Tasman Glacier），前兩者是直接徒步在凹凸不平又陡峭的冰河上，可以選擇先搭直升機上山，再體驗爬一段冰河，此活動需要耗費較多的體力與時間，後者則是以坐船賞河為主。如果想近距離接觸冰河，一定要參加這些導覽活動，因為冰河有隨時崩塌的危險性。

地址
Terrace Rd., Aoraki Mount Cook Village, New Zealand （隱士飯店）
交通
長途InterCity Bus
開放時間
9月～隔年5月
票價
成人NZD170 / 小孩NZD87

　　冰河是由山上的雪經過多年不斷地擠壓並移動而形成，冰河在活動中崩解後，就會變成小冰山。因為冰河屬高密度的冰，所以會吸收藍色以外的色光，這也是冰河多呈藍色的原因。不過冰河和冰山都是被積雪擠壓的冰

9 匯聚冰河水的普卡基湖。

晶體，冰晶體一旦接觸了外在的自然氣候，會被分裂成微小冰晶體，經過陽光的反射，外表就會變成白色。不論冰山的大小如何，它都是以10%在水面上，90%在水面下的型態存在。

　　紐國最長的冰河是塔斯曼冰河，塔斯曼冰河遊船也算是最老少咸宜的活動。在庫克山附近的冰河，除了塔斯曼外，還有胡克冰河和穆勒冰河（Mueller Glacier）。塔斯曼冰河在庫克山和塔斯曼山之間，約在1萬8千年前形成，起點大概在海拔2,300公尺處的積雪帶，需經過300至600年的移動，才能到現在冰河的終點位置，全長大概27公里，寬3公里，厚6公尺，而融化的冰水則匯集在塔斯曼湖，最後跟旁邊的胡克河（Hooker River）一起流進了普卡基湖（Lake Pukaki）。由於冰河在移動時，會帶走一些石灰岩砂石，所以冰湖水會有些混濁，加上高密度的冰河呈藍光，湖面才會出現如此特別的藍色。

　　若參加塔斯曼遊船，須統一從庫克山村的隱士飯店（The Hermitage Hotel）坐巴士出發，20

分鐘即可到達塔斯曼谷（Tasman Valley），但還需健行30分鐘，才會到1973年才形成的塔斯曼湖的乘船處。除了安全須知，導覽人也會講解冰河的相關知識，像是河裡常會探出一些奇形怪狀的藍白色和灰白色浮冰，原來越新形成的冰看起來越乾淨，放久了才會融出砂石，變成灰頭土臉的老浮冰，不過也因為泥沙的覆蓋，才得以減緩融化的速度。可惜因為全球暖化的關係，冰河融解的

速度也跟著加快，每天平均下滑30～40公分，所以冰河的面貌也一直在改變。終點站就是塔斯曼冰河的末端，我們拍了照後，再次望著手中那塊晶瑩剔透的小冰塊，暗自希望這些美景能夠被保護才好。

10 11 12
如果參加的是福克斯冰河或法蘭茲約瑟夫冰河導覽，你對大自然的淺識可能會讓你驚訝的合不攏嘴。

蒂卡波湖
Lake Tekapo

⑬

庫克山旁邊還有一個熱門的觀星景點，車程約1.5小時，就是蒂卡波湖和它旁邊的牧羊人教堂（**Church of the Good Shepherd**）。蒂卡波湖有個讓人感到平靜的顏色，是因為它的湖水也是來自南阿爾卑斯山的冰河所融化的水，而正是冰河水的岩沙粉屑讓它呈現出特別的藍綠色，也因此，這裡成了新人婚紗照裡的熱門背景。牧羊人教堂建於1935年，全是用石頭砌成的，是為了紀念麥肯齊（**Mackenzie**）地區的拓荒者。教堂的特別之處就是

地址
Pioneer Drive, Lake Tekapo 7949, New Zealand
交通
長途InterCity Bus

⑭

⑮

⑬
藍綠色的湖水是蒂卡波湖的特色。

⑭ ⑮
駛離紐國最高峰後，風景的線條跟顏色開始變得柔和許多。

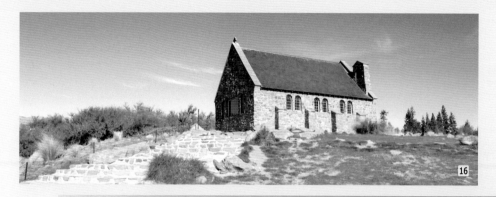

16

17

它有一個長方形的大窗，看出去正好就是蒂卡波湖和南阿爾卑斯山的美景，窗的中間有個小十字架，也帶有些宗教氛圍的祥和感。教堂的不遠處還有個牧羊犬雕像，是為了感謝牧羊犬幫忙放牧的功勞。白天的教堂被藍綠色的湖和群山包圍，配上灑滿草地的魯冰花，就像仙境一般。夜晚躺在教堂旁邊，欣賞沒有光害的星空，尋找屬於南半球的南十字星，也算是攝影師的圓夢之旅了。這裡堪稱是世界著名的星空拍攝地點之一，若是趕上冬季，還有機會看到極光。

16 17 18 19

鏡頭裡的愛情和友情，都能在這許下約定。腳下的寶藍色鑽石，是牧羊人教堂送的禮物。牧羊犬的角色對紐國人來說，至關重要，因為他們就是主要的牧羊者。

悄悄話

接近傍晚的庫克山村，空氣雖然冷冽，卻有種寧靜祥和的氛圍，儘管是觀光重鎮，簇擁的旅客並沒有留下任何紛擾，這個小村落在夜晚又回到了它最原始的樣子，就像紐國的其他城市一樣，閃耀著屬於它們各自的光芒。我喜歡這樣特色分明的城市，利用自身的長處來增加自己的優勢，而不是每個城市一窩蜂地跟著當下的潮流而發展。就像每個人都有自己的特長一樣，不過台灣喜歡利用考試來放大每個人的短處，而不是長處，處理的方式不是加強優勢，而是補足弱勢，最後每個人都變得一模一樣，甚至從社區到城市的樣貌都很類似。這沒什麼大害，就是培育不出改革創新的人，甚至是改變世界的人而已。儘管政府早已實施了解套方案，希望讓學子們均衡地適性發展，所以在教育基礎裡加入了像是音樂、美術和體育等課程，甚至以培養專長為主，讓個人能夠憑藉著自己的喜好來升學，不過大家嘴裡不說，但心裡的想法卻都認為特班生較一般生次等。可想而知，我們的思維仍舊沒有改變。

音樂才子周杰倫也曾走在教育的傳統路上，他照著社會規定的方式一步一步走，可惜他的分數上不了高中，更進不了大學，幸好他那讓人另眼相看的專業將他拉近高中。最後，周杰倫的那首「聽媽媽的話」喚回了多少曾在歧途中迷失的孩子，他的專輯點亮了華語音樂圈的繁榮，他的故事扭轉了無數個將要在夢想路上夭折的周杰倫們。還有那個大發明家愛迪生，學校才去了幾個月，就被老師評為最笨又最多問題的學生而勸退了，最後他發明了電燈，照亮世界。如果這些人當初都接受了教育的評選機制，隨著社會的價值觀自我放逐，那我們將要付出多少，來補償失去他們的損失？如果我們能開始改變，讓每個人都能發揚光大各自的差異點，不以單一標準來衡量每個人，不用同一副有色眼鏡來為每個人打分數，那我們的發展空間一定會有更多的可能性。

小知識大常識

☞ 福克斯冰河和法蘭茲約瑟夫冰河以直升機和徒步探險為主，所以天氣狀況非常重要，建議多留幾天以防活動取消。

☞ 藍湖是依它的顏色命名，可是它實際看起來卻有點偏綠色。

☞ 另一個也堪稱是世界級的觀星點，是在蒂卡波小鎮旁的約翰山（Mount John），若是天文迷的旅人，建議參加相關導覽，透過專業的導覽器材，會學習到非常豐富的天文知識，至於美景，只能說無法用文字來形容了。

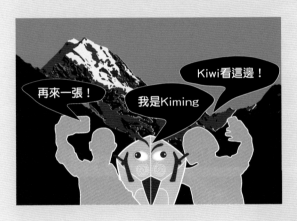

再來一張！
我是Kiming
Kiwi看這邊！

☞ 紐西蘭唯一特有品種企鵝黃眼企鵝（Yellow-Eyed Penguin），毛利語稱為「Hoiho」，在紐國5元紙幣背面也印有此瀕臨絕種的動物。

KIMING Share英語

　　紐西蘭也算是打工度假天堂，若要在這求職，一般需要準備3份資料，Resume、CV與Cover Letter。

☞ Resume ——簡歷，簡單敘述基本資料、技能與工作經驗。

☞ CV-Curriculum Vitae ——履歷，詳細列出基本資料、學經歷、工作經驗和相關成就。

☞ Cover Letter ——求職信，介紹自己，說明應徵的職位與個人優勢，並強調自己的技能如何符合該公司的需求或對公司能有什麼貢獻。

☞ 漏網特輯：冬季雪茫茫的庫克山。

Arrowtown

箭鎮　淘金淘到發財夢

　　箭鎮在南島的南端，屬奧塔哥地區（Otago），距離皇后鎮僅僅約40分鐘車程，舊時的毛利人習慣在這裡打獵及尋找綠石（Greenstone），歐洲移民來了後，它成了淘金小鎮，也是保有多數歷史遺跡的地方之一，不僅只是街道上那些建於殖民時代的舊建築，就連中國人在1870年代淘金時期落腳的地方，也被修復和完整保存，再加上秋季的箭鎮，總是被黃澄澄的楓葉圍繞著，更是引人入勝。鎮上最熱鬧的白金漢街（Buckingham Street）商店林立，餐廳、紀念品店、咖啡館都有，儘管地方不大，還是值得前來感受這個把過去與現代巧妙融合起來的寧靜村莊。

1
箭鎮最熱鬧的街道。

湖區博物館
Lakes District Museum

湖區博物館在1948年創立，建築物的前身是紐西蘭銀行，有上下兩層樓，主軸是在說明當時毛利人的生活和淘金時期的箭鎮歷史，裡面還原了礦工們那時刻苦的生活條件和工作環境，也展示一些有趣的舊時代文物器皿。箭鎮本來是個純樸的小地方，在1862年發現金礦後，即迅速地吸引大批的淘金客，小鎮也開始熱鬧起來，附近蕭特佛河（Shotover River）的含金量，甚至聞名世界。到了1864年，西海岸也掀起一波淘金潮，人潮再次轉移，政府即邀請中國人前來工作，好繼續地方上的發展。直到50年代，這裡都像個與世隔絕的小農村，隨後才興起觀光潮流。走過了風光與落寞，小鎮終於找到歷史賦予它的使命，吸引著人們聆聽屬於它的輝煌。

地址
49 Buckingham St., Arrowtown,
New Zealand
交通
長途InterCity Bus轉Ritchies
Connectabus
開放時間
8.30am～5pm
交通
成人NZD10 / 小孩NZD3

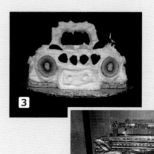

2 3 4
博物館內，淘金的辛酸史，以及有創意到不行的收音機。

華人社區
Chinese Settlement

到了1880年代，奧塔哥政府共吸引了超過5,000名華人來此工作，由於文化和語言的隔閡，大部分的華人受到排擠，遂而集中在箭鎮的華人社區。這些遠渡重洋的勞工，大多因生活貧困而隻身前來工作，每個人都懷著美夢而來，可惜環境的惡劣讓部分的人就此長眠於異鄉，還有更多的人孤獨地在這終老，最終只有少數的幸運兒能凱旋還鄉或安逸地生活於此。為了限制華人的數量，紐國於1880年代針對華人祭出的人頭稅（Poll Tax），也一直持續到1944年才廢除，這也使得紐國政府於2002年正式地向這些歧視行為公開道歉。被保存在華人區的房子，既矮小又簡陋，有些甚至只是用茅草和鐵皮組合起來，實在不難想像當時的困苦，這也多虧紐國政府在保存遺跡上的努力，才能讓這些故事被流傳下去。

6

5 6
宛如明鏡的歷史，照亮著過去，也光明了未來。

地址
Buckingham St., Arrowtown,
New Zealand
交通
Ritchies Connectabus

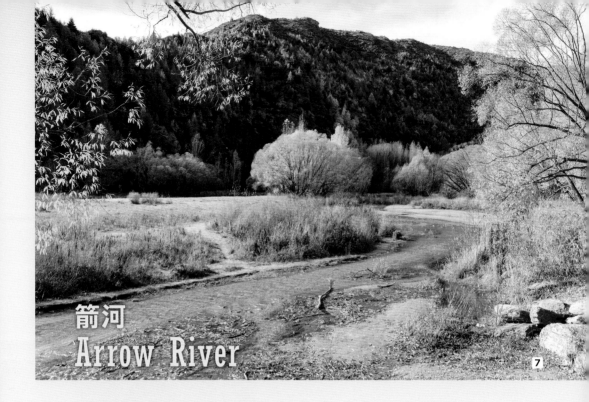

箭河
Arrow River

7

箭河是卡哇勞河（Kawarau River）的分支。淘金熱發展於1862年，不久，礦工們就在箭河撈出總價值超過千萬美元的黃金，它可是把箭鎮推到高峰的源頭。現在的箭河，人氣依舊，因為這裡是電影《魔戒》中，精靈亞玟（Arwen）帶著昏倒的主人翁抵擋戒靈的拍攝點。河邊除了健走的人們，還會看到駕著駿馬的英勇騎士，如果時間充足，不妨去租借淘金工具，自己來試試手氣，說不定真能淘成富翁。

7 8
曾經繁榮著箭鎮的箭河。

地址
Arrow River, Otago, New Zealand
交通
Ritchies Connectabus

悄悄話

參觀華人社區後，對於始終存在於人類之間的種族歧視（Racial Discrimination）不免惹來一陣感慨。在紐國出現人頭稅時，隔壁的澳洲也開始醞釀「白澳政策」，以各種手段來拒絕有色人種的移民，此外歷史上也不乏那些打著各式各樣主義的名號，來煽動並製造種族間的流血衝突，或是進行對其他種族的滅絕行動。來到紐國的日子裡，除了被兩個龐克風的青年大吼作弄了一下，還有在電扶梯被小孩子們吹口哨，大致上碰到的人都算滿友善的。其實有個Kiwi大叔曾向我坦誠，他們國內多少都還是有種族歧視的狀況，在旅程中遇到的外來人，有些也給了我肯定的答案，不過我們都了解，這是人類自身的問題。

回顧過去關於種族訴求最有名的演講之一，莫過於是美國金恩博士的「我有一個夢」（I have a dream），那個在當時感動現場20多萬白人與黑人的講稿，並沒有隨著他被槍擊身亡而消逝，反而成了許多國家教科書中的一個章節。宣稱「人人生而平等」的美國在1767年獨立後，並沒有改變白人與黑人間的關係，那時候的美國甚至有實質的種族隔離制度，硬生生地把社會劈成兩半，造就了只有白種人跟其它種人的世界，那個他們稱為「平等」，實際上卻是「隔離」的世界，最後甚至衍生出白人至上的「3K黨」。儘管情況早已改善許多，但白人與其他人種的衝突仍舊不斷上演，每年上街訴求平等的抗議團體更是屢見不鮮。回過頭來看看台灣，從我們戲謔地叫著外勞的語氣來看，真相倒也一目了然。

每個人因為成長背景相異，或多或少對他人都帶有偏見，也就是在不認識他人的情況下，對該人做出不正確的判斷。儘管如此，世界上仍有和平鬥士的存在，像是廢除奴隸制的前美國總統林肯，還有在2013年逝世的前南非總統曼德拉。曼德拉的反抗不是利基在以其人之道還治其人之身，取而代之的是愛與寬容，我們不論他最後許了南非一個怎麼樣的未來，但他的思想與樂觀才是後人真正景仰的，就像香港傳奇樂團Beyond為他寫的歌中道：「風雨中抱緊自由，一生經過彷徨的掙扎，自信可改變未來。」。人人生而不平等，但是藉由教育與和努力，每個人都可以為人類社會的和諧做出貢獻，如同曼德拉一生的信條：「When people are determined they can overcome anything.」（人們一旦下定決心，他們就可以戰勝任何困境）。

小知識大常識

☞ 毛利人當初來到紐西蘭找食物，其中一個獵物就是紐國特有的恐鳥（Moa），牠是種不會飛的草食性鳥類，最高可達3公尺多，最重可超過200公斤。可惜在歐洲人來之前，就因為毛利人的大量捕食而絕種了。

☞ 其實最美的箭鎮在秋季，因為整個小鎮會壟罩在紅黃色的楓葉當中，那時候更有相關的秋季活動，很是熱鬧。

9 再晚一點，楓葉就會變成鎮上的主角了。

10 在箭鎮附近，有個叫做克倫威爾（Cromwell）的小鎮，看它的標誌就能猜出小鎮特色，沒錯，別稱是水果天堂。

☞ 若是自駕的話，可以朝東北方向沿著Cardrona Valley Road的路上，找到一個奇怪的景點，就是內衣欄（Cardrona Bra Fence）。據傳這是從約1999年在柵欄上的4件內衣開始的，後來累積成萬件內衣的打卡點。

11 有趣的內衣欄。

☞ 即便先祖都是來自英國，紐西蘭人與澳洲人之間，總有種無法形容的氣氛，就連國旗也奇妙地神似。兩面國旗的左上角都有米字，那是英國的國旗符號，說明曾是英國殖民地的兩國，現在都成了獨立國家的英聯邦成員國。其中，最大不同之處在於紐國國旗右邊的四顆星，代表著南半球的南十字星。而澳洲國旗的左下角有一個七角星，象徵著澳洲的6個州和1個領地。紐西蘭獨立後，漸漸凝聚了強烈的國家意識，也了解到國家識別的重要性，國旗問題首當其衝，於是政府在2016年舉辦改變國旗的公投，儘管票數沒有通過，我們還是見證了紐國向改變跨出的一大步。

紐澳、澳紐傻傻分不清楚！

KIMING Share英語

☞ 市中心的街道有很多的「Pub」、「Bar」、「Club」，就我們觀察後，可以大略這樣理解：「Pub」主要是喝酒放鬆並與朋友小聚的地方，還可以點到食物。「Bar」也是喝酒的地方，只是還可以跳跳舞。「Club」著重在跳舞，會有震耳欲聾的音樂，當然也有賣酒水。

☞ 戶外咖啡廳常可以看到人們坐在包著顆粒的柔軟大沙包上，英文就叫做「Beanbag Chair」（豆袋椅）。

南島

Queenstown / Glenorchy

皇后鎮 ／ 格林諾奇　戶外遊樂場之不瘋狂不罷休

　　皇后鎮是紐國著名的戶外活動天堂，跳傘、高空彈跳、遊船、滑雪、滑翔翼、噴射快艇、纜車、雪橇滑車和越野車等都可以來這裡嘗試，不僅如此，它的美景也總讓遊客們流連忘返。

1 2
遊客比居民還要多的皇后鎮。

皇后鎮
Queenstown

3

地址
Queenstown, New Zealand
交通
長途InterCity Bus

　　皇后鎮位在奧塔哥地區的西南部，在紐國的第三大湖泊瓦卡蒂普湖（Lake Wakatipu）的中北岸，四周被南阿爾卑斯山環繞，而奧塔哥地區的首府是在東南部的但尼丁（Dunedin）。皇后鎮是個遊客比居民還要多的小鎮，毛利人一開始來這裡尋找食物和他們的傳家之寶綠石（Greenstone），歐洲人來了之後，則開始發展畜牧業，可是小鎮並沒有因此繁榮起來。直到1862年，在附近箭鎮興起的淘金熱，才將人潮帶進來，不過淘金熱散去，皇后鎮也跟著人去樓空，直到20世紀末，這裡才漸漸成為旅遊勝地。據說皇后鎮這個名字是來自愛爾蘭的一個由維多利亞女王贈名的地方。

3 靠海的小鎮風景總是美麗。

4 5
鎮上最顯眼的一戰紀念碑和雷斯先生雕像。

皇后鎮並不大，不管在哪個位置，都能看到遠方披著白紗的層層山丘，是個小而美的城鎮。我們在湖邊發現了一個醒目的雕像，原來他就是在1860年來到皇后鎮畜牧的雷斯先生（William Gilbert Rees），算是最早一批發現這裡的歐洲人，據說要不是毛利酋長的幫忙，歐洲人可能需要耗費更多時間與體力來到此地。雕像旁邊還有個感念參與第一次世界大戰的軍人紀念碑，而不遠處就是可以填飽肚子跟買紀念品的購物中心（Queenstown Mall）了，也是城市最熱鬧的地方之一，

這裡不只有兩座賭場，還有很多間遊客中心，販售選擇多樣的活動套票，算是相當商業化的小鎮。附近的沙灘緊挨著瓦卡蒂普湖，沿岸也有賞景步道，除了觀光客，更是海鷗跟鴨子的桃花源。

喜歡看風景的人，建議搭乘約10分鐘全紐國最陡的纜車到鮑勃山（Bob's Hill）山頂賞景，在觀景台上看著寶藍色湖景，佐著覆蓋白雪的山群背景，更是美得讓人捨不得眨眼，快門隨便按下，都是一張張不用加工的明信片，山上也設有賞景餐廳，不先預約的話，還可能沒位子。另一個有

6 原來大家都來湖邊賞景了。

7 **8** **10** 這樣一個度假天堂，任誰都會沉醉其中。

9 登高望遠，才知道這裡有多美。

趣的活動稱為雪撬滑車（Luge），每個人各自乘坐在平底滑車上，從山上順著蜿蜒的道路往下滑，跑道也有分等級，既刺激又安全。皇后鎮也堪稱是噴射快艇和高空彈跳搖籃，不論是始於1958年的快艇，或是1988年開業的高空彈跳，他們都成了鎮上標誌性的極限運動。說皇后鎮是戶外活動天堂，一點也不為過，因為那裡有橋就可以跳，有雪就有得滑，有溪就可以溯，有湖就有船坐，有傘就可以飛，有坡就有車溜，有浪就可以衝，有景就一定有馬騎。如果不想讓腎上腺素飆太高，鎮裡也有自行車和健走步道、花草

奔放的皇后鎮花園（Queenstown Gardens）、主打奇異鳥的動物園（Kiwi Birdlife Park）和百年歷史的蒸氣遊船（TSS Earnslaw Steamship Cruise），不論怎麼玩都會很過癮。

格林諾奇
Glenorchy

瓦卡蒂普湖就像個傾斜的英文字母「S」，而S湖的起頭就位於格林諾奇，距離皇后鎮只有不到一個鐘頭的車程，兩地間的公路於60年代開通，沿途的景色又讓它得了個世界最美公路之一的美譽，如果遇上好天氣，看著陽光灑在清澈湖面倒映出層層山脈的畫面，真的美得讓人不經意地讚嘆。格林諾奇一樣是面湖又被群山圍繞的小鎮，比起皇后鎮，它安靜得太多了，小鎮設的健行步道，可以讓人自在地沐浴在靜幽幽的原始森林裡，是個讓人想暫時逃離塵囂時的最佳地點。

地址
Glenorchy, New Zealand
交通
Info and Track Bus

除此之外，另一個讓格林諾奇聲名大噪的景點叫做天堂（Paradise），它的美當然不該被私藏，這裡也曾是電影《魔戒》和《納尼亞傳奇》（The Chronicles of Narnia）的拍攝場景之一，拍的就是魔戒精靈女王的住所。只是天堂路不好走，過了一段舒適的柏油路後，接下來還要穿過森林和牧場，跨過小溪，顛簸走過碎石路，

才會到達幾乎與世隔絕的世外桃
源。所經之處杳無人煙，不過沿
路的風景果然都像天堂，走這一
趟也算是值得了。因為路途跋涉，
所以建議參加騎馬活動或是開車
導覽活動，玩得也會比較輕鬆。

11 **12**
格林諾奇的步道，好似祕境般，看不到盡
頭。

13 **14**
原來祕境的美，盡在不言中。

悄悄話

那是一個再普通不過的午飯時間，我們坐在皇后鎮裡某一間餐廳的戶外座位上，人多得使我們需要跟一對男女分享一個桌子。原來他們是來自美國的一對年輕情侶，先後跟隨對方在美國不同的城市工作，後來為了旅行就雙雙辭職，首站選擇了韓國，旅費就從在那當英文老師的薪水賺起。之後輾轉到了紐西蘭，在環島的過程中，發現皇后鎮是個有趣的小地方，於是臨時決定在這裡多停留幾天。為了賺取旅費，他們晚上就到酒吧打工，白天則在附近到處閒逛，等旅費賺夠，他們就要準備動身了。得知我們接下來要去挑戰高空彈跳，他們也興奮地跟我們分享他們的感想，並強烈建議我們一定要體驗。言談中，得知他們已交往了很長一段時間，也在社會上打滾多時，於是問他們是否有結婚的打算，他們相視而笑，然後說等回美國再說，我又問了他們打算什麼時候回去，他們再次相視而笑，然後回答說不知道。

看著他們，我腦海裡只浮現了4個字「隨遇而安」。如果把對話放在台灣，那形容詞一定成了另外4個字「荒謬可笑」，因為人生本來就該照著計劃走，為求避開風險。25歲完成學業，30歲存到人生的第一桶金並成家立業，連另一半都是精挑細選來的，35歲前該生的孩子一個都不能少，40歲也應該事業有成了，再來就一直汲汲營營到65歲等退休，最後頤享天年。這些被奉為圭臬的標準人生，我身邊倒是沒有出現完全達標的資優生，不過真實的例子很多，有些人不到20歲就結婚生子；有些人因為意外，

啊！
鯊魚來了！

連25歲都不到就離開了人世；有些人30歲即當上了老闆；更有人50歲在婚姻裡觸了礁，又得面臨中年失業，必須重新開始；也有人在晚年被子孫敗光了家產，一夕之間一無所有。

原來人生計畫是永遠趕不上變化的，我想是因為我們太害怕失敗，因為我們的文化意識不容許犯錯，所以才會如此亦步亦趨地緊跟著別人後頭，深怕自己跟別人不一樣。或許我們缺乏的正是勇氣，因為失敗也是需要勇氣的。我們少了一點忽略世俗眼光的膽量，於是將自己的靈魂親手埋葬在他人的期望裡。儘管如此，我們每個人仍舊偷偷地嚮往那條屬於自己的康莊大道，這也是為什麼「做自己」這3個字像擁有魔法般地縈繞在心頭裡，久久揮之不去。這使我想起那常出現在小說和演講裡一句睿智的話：「該恐懼的是恐懼本身」，於是以後再遇到選擇的話，我會先拿臉書（Facebook）營運長桑德伯格（Sheryl Sandberg）的那句話問自己：「What would you do if you weren't afraid?」（如果你不害怕的話，你會怎麼做？），再做出專屬自己的決定。

15 被這麼多雙眼睛看著，實在很難勇敢。

小知識大常識

☞ 因為大氣壓力的關係，每隔幾分鐘，瓦卡蒂普湖的湖水就會上升和下降，幅度高達12公分。在毛利傳說中，他們認為這是因為那個抓走酋長女兒的怪物，被燒死後，心臟仍不斷跳動的原因。

☞ 皇后鎮有個非常有名的漢堡店Fergburger就在鬧區裡，因為它的漢堡比臉還大，所以吸引很多人朝聖，當然味道也很不錯，還有較少見的鹿肉漢堡。另外，Mrs Ferg Gelateria的冰淇淋也是不能錯過的。除此之外，還有小有名氣的冰吧（ICE BAR），顧名思義，就是在0℃以下小酌囉！

16 17 18 19
傳說中漢堡比臉大的Fergburger，以及它附近好評連連的冰淇淋店Mrs Ferg Gelateria。
20
冰吧裡大部分的東西都是用冰做的，儘管空間不大，還是可以完整地體驗天寒地凍的感覺。

旅途Fun輕鬆

☞ 外國人大多都相信東方人會功夫，
他們也非常敬佩功夫。某一次的聚
餐，友人又被問了同樣的問題，她
實在覺得無奈，只好說她會，然後
俐落地搬弄她手中的筷子，夾菜精
準到位，一點都不馬虎，只見餐桌
上的外國人被唬得眼睛睜得又大又
圓，旁人還真是看得啼笑皆非。

☞ 漏網特輯：瘋玩皇后鎮。

毛利與鳥

毛利文化

南島語族的歷史

南島語（Austronesian Languages）是世界上最大的語系之一，並被細分為1,200多種語言，目前仍舊是約4億人口溝通交流的主要工具；就地理分佈上來看，從最北邊的台灣到最南邊的紐西蘭，往東至南美洲秘魯西邊的復活節島，西到非洲東岸的馬達加斯加島，整個面積涵蓋了太平洋和印度洋大約1／3以上的廣大水域。

早在7,000年前，南島語族就開始了橫跨海洋的大遷移，直至今日，族人們已散布於太平洋和印度洋中的2萬多個島嶼，而台灣很有可能就是南島語族遷移的第一站。距今約5,200年前，在台灣的南島語族已發展成了許多不同系統的新石器時代文化，與此同時，仍舊有部分的海外南島語族再度遷入台灣。根據南島語言學者的研究，古南島語系民族是在亞洲大陸和侗傣語系民族分

家之後，即遷移到台灣，經過了約1,000多年後又再次分化，並逐漸擴散至東南亞和南太平洋，爾後，又有小部分族群北上回到台灣，如生活在台灣蘭嶼的達悟族（Taos），他們即是在西元前500年，從菲律賓巴丹島（Batan Island）返回台灣的南島語族人。

而毛利人的遷移歷史，可從考古學、語言學與體質人類學等調查資料考據，第一批定居於紐西蘭的毛利人，即為來自其東邊的波里尼西亞人（Polynesian）。就台灣是南島語系發源地的說法，皆已在德國馬克斯普朗克研究院（Max Planck Institute）、紐西蘭奧克蘭大學（The University of Auckland）及台灣馬偕醫院（MacKay Memorial Hospital）等研究機構得到證實，更有許多學者發表相同觀點的論文。另外，在2005年，專家學者們從語言學進化的研究與腺粒體DNA數據說

明，約於5,200年前，大部分的波里尼西亞人（Polynesian）是起源於台灣的原住民，資料顯示出波里尼西亞人都從亞洲或中國大陸等地遷移，經過東南亞和印尼，並持續往南半球移動。

　　波里尼西亞（Polynesia）移民約在西元830～850年間抵達紐西蘭，成為該國的原住民毛利人（Maori）。毛利人來自夏威夷基（Hawaiki），同屬南島語系，夏威夷基並不是夏威夷，而是所有南島民族的共同故鄉——庫克群島（Cook Islands）與波里尼西亞等地方。當時，毛利人給這個杳無人煙的島嶼取了一個詩意的名字「Aotearoa」，意思是「長雲裊繞之島」。現今，毛利人已分布在南北島的許多地方，其中又以北島最有代表性，例如北島的羅托魯瓦（Rotorua）就被稱為毛利人的故鄉。

　　在1280年時，一批毛利人乘8艘獨木舟往紐西蘭移動，直到1350年，毛利人才在紐國定居。到了1642年，紐國又迎來了第一

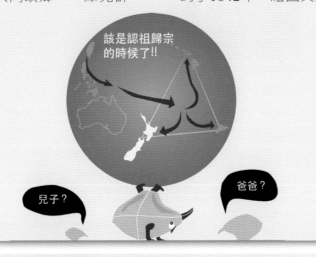

南島語系的波里尼西亞原住民遷移。

紐西蘭毛利人歷史年表

西元830年	—— 毛利人開始移民紐西蘭。
西元850年	—— 毛利人命名紐西蘭為「Aotearoa」，意即「長雲裊繞之島」。
西元1280年	—— 大批毛利人分乘8艘獨木舟往紐西蘭移動。
西元1350年	—— 毛利人在紐西蘭定居。

西元1840年	—— 英國與毛利人共同簽屬「懷唐伊條約」。
西元1905年	—— 北島發生白人與毛利人的北部戰爭。
西元2012年	—— 紐西蘭的兩位毛利人語言學家，拜訪台灣阿美族部落。

批歐洲人，即為荷蘭人亞伯塔斯曼（Abel Janszoon Tasman）帶領的船隊，抵達了紐國西岸。當時荷蘭人並不知道南北島分開，所以直接命名為「Staaten Landt」，意思是「荷蘭的土地」，而後改名為「Nieuw Zeeland」，Zeeland是荷蘭的一個省。西元1820～1835年間，發生了毛利人的種族內戰，稱之為「步槍戰爭」（The Musket Wars）。

於1840年，「懷唐伊條約」簽訂後，紐西蘭成為英國殖民地，而該條約有英文與毛利文版本，英國皇室代表簽了英文版，毛利人簽了毛利文版。1860年，英國人與毛利人陸續發生內戰，英國人贏得最後勝利。1867年，毛利人始於全民代表大會中佔有4個席次。1905年，紐西蘭北島發生歐洲白人與毛利人的北部戰爭。1907年，紐西蘭決定成為英國的自治領地，而非加入澳洲聯邦。1947年，紐西蘭宣布獨立。1975年，毛利人示威抗議政府土地所有權處理方式。2012年，紐西蘭的兩位毛利語語言學家，拜訪台灣阿美族部落。

服飾

　　毛利人的主要服飾，如披肩、圍胸、圍腰和草裙，多用野生亞麻草（Flax）製成。即在太陽下曝曬後，再將它浸泡在泥巴裡，一節覆蓋、一節不覆蓋，目的是為了染色，之後再把它曬乾鞣製成一節一節的，隨後則將其一根根地縫製完成。其中最為名貴的，就是夾有各色羽毛的斗蓬。而毛利人的草裙並不是女性的專利，毛利男子也穿草裙。當然，在只有單一層的草裙裡，男性還必須加一件內裡褲。

左為毛利人服（蒂帕帕博物館），右為毛利草裙示意圖。

船紋

　　在毛利人獨木舟戰船的船首（Pitau）紋飾中，有兩種風格是最常見的雕刻形式，一種為北方形式（Tuere）的雙S紋飾，另一種就是南島風格的雙螺旋紋飾，而兩種紋飾通常都會在前頭刻有大而駭人的人像雕刻，並在人臉敷以貝殼裝飾眼睛，凸出的舌頭是為了嚇阻敵人。

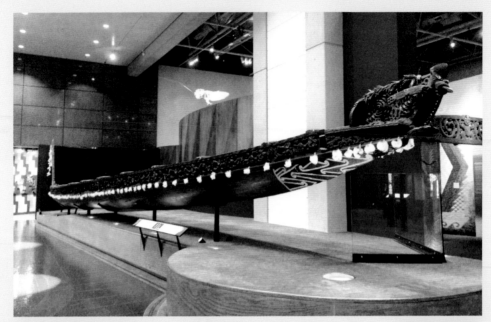

戰船與戰船頭（蒂帕帕博物館）。

色彩

　　毛利屋內部的樑柱通常會以紅、白和黑色，3種裝飾顏色為主，毛利人的旗幟一樣以此3種色彩為主。毛利語的黑色為「Te Korekore」，象徵著漫長的黑暗從大地湧現；紅色稱「Te Whei Ao」，意思是大地之母，亦是萬物的維持者；而白色則是「Te Ao Marama」，象徵著物質世界裡的純淨、和諧、啟迪和平衡。毛利旗幟的螺旋樣式叫做「Koru」，代表蕨葉，意思是在未來生活中，展現新的希望。

毛利屋橋樑色彩。

毛利人旗幟。

會議屋

　　毛利人稱其會議屋為「Marae」，象徵著部落的聲望，並被用於葬禮、宗教和政治會議的集會場所，也是接待客人的地方，尤其從19世紀中期開始，會議屋的建造有越來越被重視的傾向。會議屋對於部落酋長也別具意義，因為屋名通常是來自其重要的祖先，屋頂的人面雕刻即為祖先的臉部，往左右兩旁向下延伸的屋簷代表著張開的手臂，因此給人既莊重又溫暖的感覺。會議屋對毛利人而言，是非常神聖的地方，連食物都不能帶進去。

毛利屋雕刻示意圖。

Marae（蒂帕帕博物館）。

戰舞

　　毛利人戰舞稱為「哈卡」（Haka），是毛利人在開戰前的傳統舞蹈，作用是要恫嚇敵方。最經典的動作就是睜大雙眼，釋出猙獰的表情，並張大嘴吐出舌頭來。戰舞的歌詞並不固定，不同的族群有各自的歌詞。戰舞已成為紐西蘭學校的學習項目之一，而紐西蘭的橄欖球國家隊全黑隊（All Blacks），也會在比賽前表演戰舞，亦使得該文化廣為人知。

戰舞。

食物

　　毛利人傳統的烹飪方式稱為「Hangi」。由於紐國擁有特殊的地熱資源，所以利用地熱蒸氣便成為毛利人特殊的飲食文化。Hangi的烹調方法是先花時間用大火將河邊石頭烤熱，再放到挖好的地洞裡，堆上淋濕的樹葉，使其產生大量的煙和蒸汽，接著把食物放在樹葉上，並鋪上層層土壤，燜烤3至4個小時即可。烹煮的食材多半是魚肉、番薯、馬鈴薯和蔬菜。

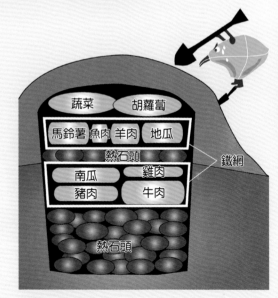

Hangi示意圖。

刺青

　　毛利人喜愛紋身黥面，毛利語稱為「Moko」，臉上獨特的漩渦花紋也是地位的象徵，從穿著到臉上的刺青，一看就可以分辨出階級的高低。

毛利人臉上的Moko。

Hongi

　　「Hongi」是毛利人打招呼的方式，是先說聲「Kia ora」（你好），然後以鼻子碰鼻子和額頭輕碰的方式問候對方，表示自己與對方是平等的。

Hongi示意圖。

刺青

　　毛利人的雕刻稱為「Whakairo」，
裡頭通常都藏著一些毛利人的傳說，
有些故事解釋了毛利人世世代代的文
化傳統，有些則為族群的歷史留下珍
貴的紀錄。毛利的Whakairo工藝雕刻藝
術可在獨木舟、傳統房子、樂器與工
具上找到。

Whakairo（蒂帕帕博物館）。

飾品

　　毛利飾品中，以「Tiki」和「Manaia」兩者較為常見與突出，Tiki通常
表現出人類的造形，以石頭為主要材料，Manaia則會出現像鳥的頭形與蛇
的身體的造形，材質多來自於動物的骨頭。毛利人的藝術靈感大多從自然
環境而來，如開展葉子的蕨類「Koru」、蜘蛛網「Pungawerewere」和魚鱗
「Unaunahi」等。

Tiki示意圖。

Manaia示意圖。

小知識大常識

☞ 毛利人相信世界萬物的起源是來自天上的父親和地上的母親，原本緊緊相擁的天地，讓世界只剩下黑暗，後來他們的孩子努力將兩人分開，才有了我們所看到的世界。毛利人將天父（Sky Father）稱作「Ranginui」，將大地之母（Earth Mother）稱為「Papatuanuku」，這也代表著毛利人對宇宙萬物的景仰與尊崇。

☞ 由於毛利人是第一批居住在紐西蘭的民族，所以有很多關於紐西蘭的古老傳說，其中一個就是描述紐西蘭這個地方。從前，在夏威夷基這個地方，有個叫做毛伊（Maui）的青年，他是家中最小的孩子，可是既強壯又聰明。有一天他的哥哥們要去捕魚，由於毛伊年紀太小，不能跟著去，所以他只好先躲在船上，等到他被發現的時候，船已經無法掉頭了，哥哥們只好帶著他出海。哥哥們捕到魚後，船準備返航，可是毛伊也想釣魚，所以他就逕自把魚線拋到海裡，沒想到魚很快就上鉤，而且是一條非常大的魚，所以毛伊念了咒語，並請求哥哥們也一起幫忙。抓到魚後，哥哥們等不及的開始分割魚肉，最後那條魚成了紐西蘭的北島，北島上的山谷，就是毛伊哥哥們切割魚肉的痕跡，而南島是帶著毛伊和哥哥出海的那條船，在南島下方的斯圖爾特島（Stewart Island），則是毛伊的錨。

毛利傳說豐富了紐西蘭的每個角落。

奇異鳥

紐西蘭的鳥類非常多，目前已紀錄了約340種鳥類，其中的特有種大約佔了67種。紐國的特有鳥科可分為3類，刺鷯科（Acanthiittidae）、垂耳鴉科（Allaeidae）和無翼鳥科（Apterygidae），全都分屬於世界動物區裡的澳洲區。

紐西蘭沒有任何原生哺乳動物，當然也沒有蛇，因此紐國的鳥類產生了極端特化，並占據了生態系統，最有名的就是Kiwi Bird。Kiwi Bird可稱為奇異鳥，因時常發出「Keee－Weee」的聲音而得名，也可說是鷸鴕，屬無翼鳥，目前奇異鳥可分為5種，顏色為褐色或是帶有斑點，大小和一般的雞差不多，重量約為2至3公斤，而雌性奇異鳥的體型通常比雄性大，主要生活在樹林和叢林裡，食物以昆蟲和蠕蟲為主，偶爾也吃果實和植物種子，並且喜歡夜間行動。晚冬開始通常是奇異鳥的繁殖季節，採一夫一妻制，雌鳥一次只會下1或2顆蛋，雄鳥則負責挖洞築巢和孵蛋。奇異鳥的蛋之於雌鳥媽媽體型的比例而言，算是鳥類裡最巨大的蛋，重量有時會達到鳥媽媽的1／4，鳥蛋的孵化期約為11個星期。孵化後，雛鳥會待在巢穴裡大約一週的

國家	紐西蘭
世界動物地理分區	澳洲區
總類	約有340種鳥類被紀錄，特有種67種。
特有鳥科	刺鷯科（Acanthiittidae）、垂耳鴉科（Allaeidae）、無翼鳥科（Apterygidae）。
鳥與原住民的關係	毛利人傳說中拯救森林的奇異鳥、巨型食人鳥哈斯特鷹(Hokioi)。

紐西蘭鳥類。

時間，待肚子裡的蛋黃消耗完，才會跟著雄鳥去獵食。奇異鳥目前已知的壽命為20年。

儘管奇異鳥的身形不大，可是警覺性和靈敏度都非常高，這或許也是使牠們能夠逃離滅絕的原因。人類到了紐國生存後，奇異鳥的數量即大量減少，而同期的恐鳥甚至早已滅絕。即使奇異鳥在紐國沒有天敵，不過毛利人來了後，開始大量獵捕，為了其服裝及斗篷上的羽毛裝飾，歐洲人來了後，也大量獵捕，為了研究及收藏，再加上誤入陷阱和棲息地減少，也是導致奇異鳥數量驟減的原因之一。不過，自從奇異鳥成了紐國國鳥，又屬保育類動物，待遇自然提高許多，目前也就不需要擔心絕種的問題了。雖然奇異鳥沒有亮眼的外型，它仍舊很討人喜歡，在毛利傳說

中，牠也扮演著正派的角色，並解釋了奇異鳥沒有翅膀的原因。

而關於奇異鳥的毛利傳說是這樣的……有一天，Tanemahuta（樹木）在森林裡的路上，發現有蟲子在吃它們的孩子。於是Tanemahuta趕緊告訴他的哥哥Tanehokahoka（樹木），並請他幫忙。Tanehokahoka聽了後，向著森林的鳥群們吶喊，詢問有誰可以到陸地上幫忙救救他們的孩子，沒想到林中的鳥兒竟然鴉雀無聲，因此Tanehokahoka決定各別拜訪以求得幫助。

Tanehokahoka首先詢問了Tui（鳥），Tui卻回答說森林太暗了，牠會害怕。Tanehokahoka只好又跑去找Pukeko（鳥），Pukeko說森林非常地冷，況且沼澤會弄濕牠的腳與羽毛，所以也回拒了請求。於是，Tanehokahoka又再

小知識大常識

☞除了體型巨大的恐鳥外，毛利傳說中，也提到了駭人的食人鳥哈斯特鷹（Hokioi）。哈斯特鷹屬於隼形（Falconiformes）的鷹科（Accipitridae），是世界上擁有巨大體型的老鷹之一，有著黑白色的羽毛、紅色的鳥冠和黃綠色的翼尖，體重可超過10公斤，展翅長度可達3公尺，利爪的攻擊力更可比擬老虎，以

Tui示意圖。　　　Pukeko示意圖。　　　Pipiwharauroa示意圖。　Kiwi示意圖。

去詢問Pipiwharauroa（鳥）的意見，Pipiwharauroa也跟其他鳥類一樣，拒絕了Tanehokahoka，因為Pipiwharauroa說牠必須忙著築巢。最後，Tanehokahoka找上了Kiwi（鳥），沒想到Kiwi答應了救援的任務，牠說牠願意去救小孩。但是，Tanehokahoka說Kiwi必須付出代價，牠將失去翅膀和漂亮羽毛，所以再也無法回到天空裡自由地飛翔，並且從此生存於暗處，而雙腿也會變粗。Tanehokahoka說完後，便又轉身回來對著Tui說，從現在起Tui喉嚨下方會有兩條白線當做記號，而害怕沼澤的Pukeko將從此生活在沼澤裡。至於忙著築巢的Pipiwharauroa，則永遠不能再築自己的巢，下了蛋後，必須放在別人的巢穴裡。

在毛利傳說中，奇異鳥沒有翅膀的原因，代表著犧牲自我，奉獻大愛的偉大精神。在現實世界裡，奇異鳥是紐國的國鳥，象徵著與牠的身分一樣的獨特性和不怕困難的精神，這也使得紐國間的種族融合及多元社會的和平發展傳為佳話。

恐鳥和體型巨大的無翼鳥為主食。後來，毛利人大量獵殺恐鳥，哈斯特鷹也因為食物短缺而絕種，研究證實，哈斯特鷹也會獵捕人類。哈斯特鷹獵捕的恐鳥，可高3公尺，重200公斤，所以人類自然也能輕易地成為攻擊對象。

傳說中的恐鳥（蒂帕帕博物館）。

致謝

　　首先，非常感謝林雨臻、沈宛融、廖翊含、林書豪爲本書提供的寶貴照片和相關的旅遊經驗，以及毛利人原住民老師Saman、維多利亞大學藝術史研究生Shera、語言學老師Alle Pollard及陶藝家Peter Rumble等在毛利文化上，給予本書相當多的諮詢及歷史資訊，您們的協助，爲本書增添了更多的丰采。也感謝紐西蘭友人Diana、Gavin Chin、Tess Tam、Jennie Wang、Isaac、Ruth、王中行教授、師母Chiya、Ming Hong、Daphne、Jeff Chen不吝分享當地的文化及生活習慣等相關知識，爲書本的內容增添不少趣味。

　　最後，再次感謝最親愛的家人和愛貓愛狗們，無怨無悔對本書的支持、包容和鼓勵。也非常感激不吝提攜後輩，才能讓此著作有機會問世的瑞蘭國際有限公司出版部。承蒙以上師長、家人、先進及朋友們，沒有您們，就無法完此著作，僅以此書獻給您們。

汪銘峯、張雅莉　謹致

參考文獻

· Gream, M. 1999. Art, Belief and Experience in the Maori of New Zealand. UK: Cambridge.

· Gill, B & Martinson, P. 1991. New Zealand's Extinct Bird. New Zealand: Random Century.

· Keith, H. 2007. The Big Picture: A history of New Zealand art from 1642, pp. 11-16.

· McCarthy, W. 1968. Haka! The All Blacks Story. UK: Pelham Books.

· Trejaut, J.A., Kivisild, T., Loo, JH., Lee, C.L & He, C.L. 2005.Mitochondrial DNA Provides a Link between Polynesians and Indigenous Taiwanese, Plos Biology, 3(8), e281, https://doi.org/10.1371/journal.pbio.0030281

· Rout, E.A & Hohepa, T.R. 1926. Maori symbolism: Being an account of the origin, migration, and culture of the New Zealand Maori as recorded in certain sacred legends. USA: Harcurt Brace.

· Simmons, D.R. 1997. Ta Moko, The Art of Maori Tattoo. Revised edition, New Zealand: Reed.

· Tsang, C.H. 2012. Once Again on the Austronesian Origin and Dispersal, Journal of Austronesian Studies, 3(1), pp. 87-119.

· University of Auckland. 2009. Pacific People Spread From Taiwan, Language Evolution Study Shows. Science Daily, https://www.sciencedaily.com/releases/2009/01/090122141146.htm#

· Wang, M.F. 2017. A Study on Fuzzy C-means Application in Austronesian Language Cultural and Creative Product Colors, Color Research & Application, 43(3), pp. 375-386.

· Wang, M.F. 2017. The Application of Fuzzy C-means on Cultural Creative Products, IEEE 21st International Conference on Computer Supported Cooperative Work in Design (CSCWD), pp. 480-485.

· 世界文明史編，1978，「世界風物誌：澳洲、紐西蘭」，世界文明史出版。

· 汪銘峯，2016，「文化虛實學於文創商品之應用」，國立成功大學，博士論文。

· 何傳坤，1995，「台灣南島原住民與大洋洲波里尼西亞人可能是一家親」，國立自然科學博物館雜誌，214期。

· 何顯榮，2005，「南島語族的原鄉就是台灣」，飛碟探索雜誌，第45期。

· 劉其偉，1999，「文化人類學」，藝術家出版。

· 劉世龍，2008，「毛利戰船」，國立台灣史前文化博物館電子報，第134期。

· 鍾福山，1993，「紐西蘭毛利人政策概況及法案輯要」，中華民國內政部出版。

· 蔣育荏，2013，「紐西蘭」，墨刻出版。

· 平埔文化資訊網，「平埔族隸屬的大家庭—南島語族」，http://ianthro.tw

· 100% PURE NEW ZEALAND, http://www.newzealand.com/us/

· NEW ZEALAND HISTORY, https://nzhistory.govt.nz/

· NEW ZEALAND tourism guide, http://www.tourism.net.nz/

國家圖書館出版品預行編目資料

驚奇紐西蘭，勇闖奇異王國 / 汪銘峯、張雅莉合著
-- 初版 -- 臺北市：瑞蘭國際, 2018.11
160面；17×23公分 --（PLAY達人系列；10）
ISBN：978-986-96830-1-2（平裝）
1.旅遊 2.紐西蘭

772.9   107014230

PLAY達人系列 10

驚奇紐西蘭，勇闖奇異王國

作者｜汪銘峯、張雅莉・責任編輯｜潘治婷、王愿琦
校對｜汪銘峯、張雅莉、潘治婷、王愿琦

封面、版型設計｜方皓承・內文排版｜余佳憓
美術插畫、地圖繪製｜汪銘峯、張雅莉
攝影｜林雨臻、沈宛融、廖翊含、林書豪、汪銘峯、張雅莉

董事長｜張暖彗・社長兼總編輯｜王愿琦
編輯部
副總編輯｜葉仲芸・副主編｜潘治婷・文字編輯｜林珊玉、鄧元婷
特約文字編輯｜楊嘉怡・設計部主任｜余佳憓・美術編輯｜陳如琪
業務部
副理｜楊米琪・組長｜林湲洵・專員｜張毓庭

法律顧問｜海灣國際法律事務所　呂錦峯律師

出版社｜瑞蘭國際有限公司・地址｜台北市大安區安和路一段104號7樓之1
電話｜(02)2700-4625・傳真｜(02)2700-4622・訂購專線｜(02)2700-4625
劃撥帳號｜19914152 瑞蘭國際有限公司
瑞蘭國際網路書城｜www.genki-japan.com.tw

總經銷｜聯合發行股份有限公司・電話｜(02)2917-8022、2917-8042
傳真｜(02)2915-6275、2915-7212・印刷｜科億印刷股份有限公司
出版日期｜2018年11月初版1刷・定價｜350元・ISBN｜978-986-96830-1-2

SOY INK　本書採用環保大豆油墨印製